AF206730

Dr. med. Bernhard Stein

Das kranke System

Von der Krankheitswirtschaft zum *Menschenkümmern*
Plädoyer für einen neuen Zugang zu Pflege und Medizin

Copyright: © 2014 Bernhard Stein

Lektorat, Umschlag & Satz: Erik Kinting / www.buchlektorat.net

Verlag: tredition GmbH, Hamburg
Printed in Germany

Bibliografische Information der Deutschen Nationalbibliothek:
Die Deutsche Nationalbibliothek verzeichnet diese Publikation
in der Deutschen Nationalbibliografie; detaillierte bibliografische Daten sind im Internet über http://dnb.d-nb.de abrufbar.

Zum Autor:

Dr. med. Bernhard Stein, geboren 1956 in Braunschweig, ist Facharzt für Anästhesie, Intensivmedizin sowie Notfallmedizin und seit 1992 in leitender Funktion in Luxemburg tätig, nach Ausbildungsjahren in Klinik und Forschung in Deutschland und Frankreich.

Parallel zur klinischen Tätigkeit beschäftigt er sich, nach Zusatzstudien der Gesundheitsökonomie an der European Business School und Qualitätsmanagement an der Universität Kaiserslautern mit Fragen der Organisation des Krankenhauses und des Gesundheitssystems.

Inhaltsverzeichnis

Prolog: Absturz oder Neustart

Die Diskussion über das Gesundheitssystem ist ein delikates Unterfangen, ein Killer-Thema für politische Karrieren. Wegen seiner Komplexität und politischen Sprengwirkung gilt wohl statt *too big to fail* eher *too big to be optimized.*[1]

Dieses Buch versteht sich als ein Manifest, geboren aus der kritischen Reflexion und dem Gefühl, dass wir in eine falsche Richtung laufen.

Ausgangspunkt ist eine kritische, aber belegbare Analyse des *Istzustandes*, die unser wohlgeformtes Bild und unsere scheinbaren Wahrheiten infrage stellen, um daraus Alternativen für einen anderen Weg in der Pflege und Medizin aufzeigen.

Die Subjektivität besteht in der Interpretation der Fakten und der formulierten Thesen, durchaus auch provokant, aber belegbar und erfahrbar. Was wir daraus für Konsequenzen ziehen, hängt vom Reifegrad unserer Gesellschaft und dem Wunsch nach Veränderung ab.

Wir haben es hier mit einem komplexen System zu tun, das Opfer seines eigenen Erfolges zu werden droht. Seine ökonomische und politische Durchdringung beeinflusst und korrumpiert sowohl seine Protagonisten als auch viele normale Menschen.

Kritische Fragen ergeben sich, wenn wir uns in der Folge mit drei in der Gesundheitsversorgung weitgehend unbekannten

---

[1] *Zu groß zum Scheitern* gilt für systemtragende Institutionen und Banken, vor allem während der Sub-prime-Krise 2008 als Begriff verwendet, während die Gesundheit wohl ein zu großer Brocken ist, um reformiert zu werden.

Schlüsselbegriffen beschäftigen, die bislang nur aus anderen Bereichen bekannt sind bzw. in den letzten *trente glorieuses*[2] verschollen sind:

- Der Begriff der **Nachhaltigkeit** im Sinne der drei Säulen *ökologische, ökonomische und soziale Nachhaltigkeit* ergänzt durch die inter- und intragenerationelle Gerechtigkeit. *Unser aktueller Ansatz der Krankheitswirtschaft ist nicht nachhaltig.*
- Die **Subsidiarität** als ein Prinzip, welches die Entfaltung der individuellen Fähigkeiten, Selbstbestimmung und Eigenverantwortung anstrebt. Aufgaben, Handlungen und Problemlösungen sollten vom Einzelnen, von der kleinsten Gruppe oder der untersten Ebene einer Organisationsform erledigt werden. Nur bei unlösbaren Hürden sollen höhere Instanzen die Aufgaben unterstützen und übernehmen. Also, in der Gesundheitspolitik ein Bottum-up-Ansatz, vom Einfachen zum Komplexen oder auch von innen nach außen. *Die Eigenverantwortung verkümmert unter dem Siegel von monopolisiertem Expertentum und Qualitäts- und Kostenmanagement.* (ILLICH, 1995)
- Die **Suffizienz,** der schonende Umgang mit Ressourcen – Finanzmittel, Menschen, Energie, Arbeitszeit und Transportwege etc. *Der derzeitige Ressourcenverschleiß fördert ein unkontrolliertes und ungerechtes Wachstum.* (SACHS, 1993).

---

[2] *Trente glorieuses* bedeutet die *glorreichen 30 Jahre der Nachkriegszeit* (1945 – 1973) bis zur Ölkrise, kann aber ebenso auf die letzten 30 Jahre seit 1984 übertragen werden.

Jede Krise bietet die Chance, aus der Not eine Tugend zu machen und neue Wege der Gesundheitsversorgung mit Vorbildcharakter, deren Kern ein *Menschenkümmern* ist, zu schaffen. In deren Mittelpunkt sollte eine soziale, ökologische und ökonomische *Nachhaltigkeit und Generationengerechtigkeit* stehen, ein Zurückführen der *eigenen Souveränität für Gesundheit, Krankheit und Tod* und eine Pflege, die den Menschen nahe ist – und nicht zuletzt ein Umdenken hin zu einer *Selbstbeschränkung* auf das für die Menschen Sinnvolle und Gewünschte.

Damit wäre der Ausgangspunkt für einen **Neustart** geschaffen.

---

1. These:

Das Verhältnis der Menschen zu Leiden und Krankheit sowie deren Behandlung hat in wenigen Generationen zu einem Zustand geführt, der langfristig weder ökonomisch zu tragen ist noch die Menschen nachhaltig befriedigt. Ein ganzheitlicher Ansatz und die Hilfe zur Selbsthilfe sind verdrängt worden durch eine Ökonomie- und von Technik getriebene *Krankheitswirtschaft*, die droht, sich zu verselbstständigen. Ihre vordergründigen Erfolge in Lebensverlängerung, Wirtschaftsleistung und Fortschrittsdenken vernebeln den Blick auf die andere Seite der Medaille: die Entmündigung der Menschen und die Entwicklung eines Gesundheitssystems, das mehr seinen Protagonisten dient als den Menschen.

2. These:

Wenden wir ernsthaft die Begriffe Nachhaltigkeit, Subsidiarität und Suffizienz auf die Pflege und Medizin an, und geben wir uns wieder die Hoheit für Gesundheit, Krankheit und Tod, kann ein Neustart für eine andere Form der Gesundheitsversorgung entstehen.

Ein jegliches hat seine Zeit, und alles Vorhaben unter dem Himmel hat seine Stunde:
Geborenwerden hat seine Zeit, Sterben hat seine Zeit; Pflanzen hat seine Zeit, Ausreißen, was gepflanzt ist, hat seine Zeit;
Töten hat seine Zeit, Heilen hat seine Zeit; Abbrechen hat seine Zeit, Bauen hat seine Zeit;

Altes Testament
Der Prediger Salomo, Kapitel 3, die Verse 1-3

Analyse des Existierenden – Spiralen in den Abgrund

a. Was ist passiert?

Die heutige Medizin stellt, unter dem Impuls einer starken Ökonomisierung und Angleichung an industrielles Management, die akute Erkrankung und deren rasche, technisch und ökonomisch aufwendige Behandlung in den Mittelpunkt. Mehr noch, die gesamte Lebens- und Krankheitsgeschichte eines Menschen wird wie eine Aufeinanderfolge akuter Erkrankungen gesehen, wobei die soziale, psychologische und individuelle Dimension in den Hintergrund gerät.

Der Beruf des Arztes und des Pflegers, der auf einer menschlichen Zuwendung zum Patienten basiert und Vertrauen und Anteilnahme erfordert, wird zu einem *Geschäftsmodell des marktwirtschaftlichen Tauschgeschäftes von Dienstleistungen* (MAIO). Er wird entwertet und entkernt durch pseudoevidente Handlungsanweisungen, die die Arbeit mithilfe eines aus der Industrie entnommenen Arsenals von Prozessschritten und Therapiemodulen zu kosteneffizienten und erfolgsorientierten Konsumgütern werden lässt. (MAIO)

Die Medizin hat sich seit 100 Jahren immer wertfrei und wissenschaftlich gegeben, aber letztendlich mehr die Karte des bedingungslosen technischen und pharmakologischen Fortschritts, und weniger der sozialen oder gesellschaftlichen, gar globalen Weiterentwicklung gespielt.

Die rein quantitativen Probleme durch medizinischen Fortschritt und demografische Entwicklung, wie Zunahme alter und chronisch kranker Menschen, führen in eine Spirale, aus der eine dreifach brisante Problematik entsteht:

- Die zunehmende Diskrepanz zwischen dem Anspruch einer gleichen und bezahlbaren Medizin trotz sozialer und regionaler Diskrepanzen und der Realität. Wenn wir bislang glauben, das gilt nur für Süd- und Osteuropa sowie die Dritte Welt, die ja so weit weg sind, werden wir rasch feststellen, dass der Riss sich innerhalb unserer Länder, Frankreich, Deutschland, befindet – regional und auch sozial
- Diese Entwicklung geschieht zulasten chronischer und Alterserkrankungen, die medizinisch und ökonomisch in der Logik von akuten Erkrankungen über- oder fehltherapiert werden und weder von einer konsequenten Prävention noch alternativen und weniger invasiven Pflegekonzepten profitieren.
- Begleitet und verstärkt wird dieses durch eine Entwicklung in Wissenschaft und Medizin, die weite Teile des medizinischen Mainstreams beeinflusst, im Sinne eines ständig wachsenden Medizinmarktes. Mit teuren Scheininnovationen in der Medikamentenbehandlung und neuen Befindlichkeitsstörungen, denen Krankheitswert suggeriert wird.

Folgen sind:
- *Fehlanreize* und vor allem Fehlinvestitionen in einen weiterhin überdimensionierten, teuren Akut-Krankenhausbereich, der sich nicht adäquat an die veränderten Rahmenbedingungen anpassen kann,
- die Entwicklung einer weitgehend privat finanzierten,

aber lukrativen *Lifestyle Medizin,*

- die Vernachlässigung und unzureichende Entwicklung bei *Pflege und Behandlung chronischer und Alterserkrankungen* sowie des *ambulanten Sektors,*
- die Monopolisierung der Medizin und Pflege durch ein Expertentum, seit 20 Jahren ergänzt und zunehmend dominiert durch Geschwader von spezialisierten Managern, Ökonomen und Qualitätsmanagern, mit dem Ergebnis einer durchaus effizienten Spitzenmedizin, aber der Schaffung einer Mehr-Klassen-Medizin und der zunehmenden Entmündigung der Nicht-Experten und Patienten.

Während sich Politik, Öffentlichkeit, aber auch Berufsverbände oft auf die Spitzenmedizin und den medizinischen Fortschritt konzentrieren, wird vergessen, dass sich *ca. 90 Prozent der medizinischen Versorgung der Bevölkerung in ihrer Region, vor ihrer Haustür* und außerhalb von Universitätszentren abspielt.

Gerade die Region ist der erste Leidtragende von Defiziten in der Versorgungskette, gleichzeitig aber auch von besonderer Bedeutung bei der Prävention und Behandlung chronischer Krankheiten und des Alters. Sie stellt ein Schlüsselelement unseres Gesundheitssystems für die Zukunft dar.

Will die Gesellschaft ein Abwenden von der *Krankheitswirtschaft* hin zu einem tragfähigen und innovativen Konzept der Gesundheitsversorgung anstreben, so funktioniert dieses nur unter der Voraussetzung einer Gesamtphilosophie und eines Gesamtkonzeptes, welches die Herzen, Köpfe und Brieftaschen der Menschen, der Experten und Entscheider erreichen kann.

3. These:
Unter dem Eindruck spektakulärer Erfolge der Akut-Medizin monopolisiert eine bestimmte Sicht der Medizin unser Leben. Leiden, Leben und Krankheit werden unter dem Blickwinkel der akuten Störung und deren techno-logisch-pharmakologischen Behandlung mit maximalem finanziellem und technischem Einsatz gesehen. Auf der Strecke bleibt eine sozial ausgewogene, regionale Ver-sorgung, die den Menschen bewusst in seinem Lebens-kontext und seiner individuellen Verantwortung belässt.

b. Philosophische und ethische Fragen

In der Rückschau hatten sowohl Naturvölker, alte Kulturen als auch die Menschen bis zum Mittelalter eines gemeinsam: Krankheit, Tod und Heilung gehörten in einen höheren Rah-men, ein allgemeines Weltbild, und waren Ausdruck eines Un-gleichgewichts in diesem System. Heilung hatte daher den Charakter der Versöhnung mit einer höheren Macht. (SCHIPPERGES)
Im Mittelalter war sowohl in der christlichen als auch der ara-bischen Welt Heilung mit dem *ewigen Heil* und Krankenfür-sorge mit *Seelsorge* verbunden. Die Pflege folgte den Grund-sätzen der menschlichen Fürsorge, die Medizin war sozusagen ein Begleit- und Rahmenprogramm, zu dem im Grunde vorbe-stimmten Schicksal. Der Mensch selbst war in diesem System einerseits stark verantwortlich für sein Leben und sein *Heil*, sein Ansprechpartner war die höhere Macht, die sein Glaubens- und Lebenssystem bestimmte. Gleichzeitig lastete auf ihm

16

nicht allein die Verantwortung für sein Schicksal und seine körperliche und seelische Gesundheit.

Die **Aufklärung und Entwicklung der Naturwissenschaften** verhalfen der Medizin zu ungeahnten Erkenntnissen und Erfolgen sowie zu einer komplett veränderten Sichtweise des Lebens. Alle Lebens- und Denkprozesse wurden in biologische und biochemische Vorgänge zerlegt, die sich einerseits verstehen und beeinflussen lassen, begleitet von der technologischen Revolution der Kommunikationsmedien und einer scheinbaren Verfügbarkeit von Information und Wissen für jedermann.

Die **Säkularisierung der Gesellschaften** geht einher mit diesen Entwicklungen und gibt dem modernen Menschen nun die Verantwortung für das Große und Ganze auf, in Vertretung einer höheren Macht. Mit dem Effekt für den Einzelnen, dass er nun ganz für sein Leben, seine Gesundheit, Krankheit und seinen Tod verantwortlich ist, dieses aber zunehmend an Experten delegiert. Angesichts der naturwissenschaftlichen Komplexität und der Rasanz der Wissenschaften verliert der Mensch rasch die Bodenhaftung zu seinem Körper und versucht dieses Manko mit drei Gegenmaßnahmen zu kompensieren, die uns die neue Welt geschenkt hat:

- Die **Wissens-** oder besser **Halbwissens-Revolution** durch die moderne Kommunikation, die den Menschen suggeriert, sie könnten den Dingen nun in Echtzeit folgen und alle Prozesse auch als Nicht-Fachmann durchschauen.
- Die **Verrechtlichung des gesamten Lebens**, die zur Folge hat, dass die Jurisprudenz als Gegengewicht zu

einer höheren Macht hier auf Erden für Gerechtigkeit zu sorgen hat.

- Die **Ökonomisierung von Krankheit, Medizin und Pflege** ist die letzte und wohl die am tiefsten greifende Veränderung in dieser Entwicklung. Analog zu allen anderen Lebensbereichen kommt hier ein Prozess mit einer Präzision und Durchschlagskraft, beflügelt durch die technologische Entwicklung und die Globalisierung, der wie ein gigantisches Hochwasser alle Zonen des Lebens und des Handelns erfasst. (LAFONTAINE, 2014) (MAIO)

Die Entwicklung auf unserem Planeten folgt einer Philosophie des *unbedingten Wachstums* als Motor für sozialen und wirtschaftlichen Fortschritt, welche die *ökologischen und sozialen Ressourcen* ohne reelle Folgenabschätzung nutzt und verbraucht. Dieses wird im Rahmen der Globalisierung und kommunikativen Vernetzung *in jeden Winkel der Erde getragen, ist aber oft* begleitet von einer *intellektuellen Verflachung* und *Herrschaft der Mittelmäßigkeit*, die die Entwicklung unserer Gesellschaft als *alternativlos* darstellt.

So unerbittlich und präzise diese Maschinerie arbeitet und alle Lebensbereiche erfasst, so wenig ist dahinter ein Masterplan zu erkennen (WELZER, 2013) (KEMPF, 2013). Die oben angeführten Begriffe der Nachhaltigkeit, Subsidiarität und Suffizienz fehlen in diesem Szenario ebenso, wie intergenerationelle Gerechtigkeit und Ausgleich (SIDELSKY & SKIDELSKY, 2013). So sind wir zwar in der Lage, die Erde mit dieser *Philosophie* effizient zu durchdringen, nicht aber deren Folgen auf das soziale, ökologische und ökonomische Gleichgewicht zu erfassen oder gar zu beherrschen.

Ein weiterer, neu-diskutierter bzw. wiederentdeckter Faktor liegt in der Soziologie moderner Institutionen und Unternehmen, die als *Stupidity based theory of Organization* (ALVESSON M.) (CIPOLLA) (CANTO), sozusagen als **Herrschaft und Hegemonie der Mittelmäßigkeit**, beschrieben werden kann.

Entgegen dem nach außen erklärten Ziel, die Talente und exzellenten Fähigkeiten der Mitarbeiter einer Organisation in deren Vielfalt zu fördern, um den Erfolg zu garantieren, findet eine entgegengesetzte Entwicklung statt; hin zu einer pseudoharmonischen Organisation mit einem manipulierten positiven Selbstbild, von Alvesson und Spicer als *self-reinforcing stupidity* beschrieben und von vielen durchaus als bequemes und konfliktarmes Arbeiten empfunden. Das bewusste Ausblenden der vollen intellektuellen und analytischen Fähigkeiten der Mitglieder, vor allem der oft intellektuell brillanten *Querdenker*, führt zu kurzsichtiger Entscheidungsfindung ohne Konzept und Begründungen und einem Vergeuden wertvoller Fähigkeiten.

Neben der wahrscheinlichen Fehlentwicklung der Organisation, werden Frustration und eine gestörte Kommunikation generiert. Dieses Phänomen, sehr verbreitet in der Finanzwelt (CANTO), trägt zu den Problemen und den Verwerfungen dieser Branche (FORRESTER) bei, nicht zuletzt bei der Weltwirtschaftskrise 2008 (GAYRAUD). Es setzt sich in Form der allumfassenden Ökonomisierung und Übernahme von Managementtechniken auch schleichend in sozialen und künstlerischen Domänen durch.

Jürgen Habermas schrieb über unsere Generation:

Wir leben in einer normativ abgerüsteten Generation, die sich von einer immer komplexeren Gesellschaft einen kurzatmigen Umgang mit den von Tag zu Tag auftauchenden Problemen aufdrängen lässt.

Jürgen Habermas
(HABERMAS, 20.5.2010) (SCHULZ, 2012)

Ökonomisierung des Lebens und der Krankheit

Schon länger sind warnende Stimmen zu der Entwicklung der Technologie (MUMFORD), der Atomtechnik (WAGNER) und den kulturellen (WOLTON) (FROMM) und ökonomischen Folgen (ENGELHARD) der Globalisierung zu lesen und zu hören. Es fehlt auch nicht an Kritikern der modernen Medizin aus den Kreisen der Philosophie und Theologie (ILLICH), der Medizin selbst (MEYER) (SKRABANEK) (LOWN) (UNSCHULD) (GRIMALDI) oder auch dem Journalismus (BLECH) (MIKICH).

In der Zwischenzeit ist ein großer Teil der Gesellschaft sowohl fasziniert als auch betäubt vom unbestreitbaren Fortschritt der Medizin und der Biowissenschaften. Es ist eine Generation von Menschen herangewachsen, die einen unentwegten technischen Fortschritt erlebt haben und der Suggestion erliegen, alle Vorgänge via Internet und Smartphone transparent verfolgen und verstehen zu können, ergo diese auch zu kontrollieren.

Leider ist das Gegenteil der Fall, sodass die zwei *Megatrends der Medizinökonomie* nicht als bedrohlich empfunden werden:

- Der zunächst schleichende, dann rasante und scheinbar unumkehrbare **Paradigmenwechsel in der Krankheits-**

behandlung. Von der *Daseinsfürsorge des leidenden Menschen*, individuell angepasst an seine soziale Situation und natürlich die medizinischen und finanziellen Möglichkeiten, hin zum *Management* des *Konsumgutes Medizin und Pflege.* Dieser Umbruch führt weg von einer individuellen Einschätzung und auch gemeinsamen Behandlung zwischen Patient und Heiler – ohne Frage nicht immer perfekt – hin zu einem industrieähnlichen Massenprozess, an den Renditeerwartungen geknüpft werden und der einem Management- und Konsumdenken wie in der Industrie unterworfen wird. Es besteht wenig Interesse daran, Krankheit durch einfache und kostenarme Methoden zu vermindern oder gar zu verhindern. Im Gegenteil: gesellschaftliche Ansätze der Gesundheitsfürsorge im Sinne des *Public-Health* werden zurückgedrängt.

- Die Entstehung eines **medizinisch-technisch-pharmakologischen Komplexes**, der als ein sehr großer Wirtschaftsfaktor eine bedeutende Rolle in allen Volkswirtschaften spielt und damit schon durch seine schiere Existenz *to big to fail* ist, der aber vor allem durch die enge Verflechtung von Forschung, Biotech- und Pharma-Industrie die Medizin, die Ernährung und die gesellschaftlichen Meinungen kontrolliert. Dieses wird begleitet vom Glauben an den ständigen technischen Fortschritt der Medizin und ist verbunden mit ständigen Ausgabensteigerungen.

Ein weiterer begünstigender Faktor ist die letztlich schuldenfinanzierte Expansion der Ausgaben im Sozialbereich seit den

Siebzigerjahren, wie sehr gut von Wolfgang Streeck in seinen Arbeiten beschrieben, mit dem vorläufigen Wendepunkt in der Subprime-Krise von 2008 (ARTUR DU PLESSIS) (GAYRAUD).

Die weitgehend staatlich und solidarisch finanzierten Gesundheitssysteme konnten die Kosten- und Ausgabenexplosion sozial abfedern und wurden letztlich unkritisch durchgewinkt. Seit Jahrzehnten liegt das Wachstum der Gesundheitsausgaben in der westlichen Welt über dem Wirtschaftswachstum (OECD, 2012). Dieses ist an sich nicht zu verurteilen, sind doch Ausgaben in ökologisch fragwürdige Projekte, Rüstung oder die globalisierte Finanzwirtschaft gesellschaftlich viel fragwürdiger.

Die Problematik liegt vielmehr darin, dass sich das aktuelle System durch diese garantierte, sichere und stetig wachsende öffentliche Finanzierung relativ kritiklos als *Krankheitswirtschaft* entwickeln konnte, entweder mit dem Ziel des Erzielens einer Rendite oder der Absicherung von Arbeitsplätzen.

In der Konsequenz setzt das aktuelle System wenig Anreize

- zu untersuchen, wie Krankheit entsteht oder diese gar durch Aufklärung und Prävention verhindert werden kann,
- wie Krankheit und Leiden auch bescheidener, außerhalb von *zertifizierten* Professionellen in hochkomplexen und hochinvestiven Institutionen (z. B. Krankenhaus) zu behandeln und zu pflegen sind
- und in welcher Form Ärzte und Pflege wieder mehr Verantwortung in der Organisation und dem Management der

Gesundheitsinstitutionen übernehmen könnten (*da zu nah am Patienten und zu individualistisch denkend*).

Dazu wurden eine Reihe von Instrumenten entwickelt, die das System zu einem ökonomisch getriebenen Unternehmen mutieren ließen:

- Unter dem Siegel der Professionalisierung wurden Methoden der Fertigungstechnik und des Qualitätsmanagements aus der Industrie auf die Medizin übertragen, zu einem Teil berechtigt, in einem noch größeren Teil aber grotesk bis sinnlos (BINSWANGER) – mit dem Effekt, dass sich eine Kaste von *Qualitäts-Risiko-Controlling-Logistik-Key-Account-Kommunikation-Managern* gebildet hat.
- Diese Kaste von patientenfernen *Gesundheitsmanagern*, die eigentlich ein Support-Team für den Kernprozess der Pflege und medizinischen Behandlung darstellen soll, entwickelt schon aus Gründen der Selbstbehauptung eine Eigendynamik, die das ökonomische Modell in den Vordergrund stellt.
- Ärzte und Pflege, die am Patienten arbeiten, werden zunehmend marginalisiert und unter dem konstanten Druck der Qualität und der Kosteneffizienz zermürbt und in die Defensive gedrängt.
- Im Fall der durchaus sinnvollen Weiterbildung in Fragen der Ökonomie und des Managements leitender Mitarbeiter aus Medizin und Pflege stehen diese Konvertiten meist vor der Wahl, sich entweder gegen ihren Berufsstand zu wenden oder sich in ihrem neuen Aufgabenbereich komplett vom Patienten zu entfernen.

- Vollkostenrechnung und Fallkostenpauschalen vom Typ *DRG* (Diagnosis Related Groups)[3] konnten in einer ersten Phase eine erwünschte Kosten- und Prozesstransparenz im Krankenhaus erzielen, entfalten aber über die Zeit und ihre sekundären Effekte einen enormen Selektionsdruck, *gute* DRG in hoher Zahl zu produzieren, also Kosteneffizienz statt Behandlung von Menschen. (BUSSE, et al., 2011) (SIMON, 2013)

Der ambulante Bereich der Medizin, der eigentlich patientennah und damit prinzipiell menschlicher und weniger technisch geprägt ist, unterliegt ebenfalls erheblichen Veränderungen in Richtung eines ökonomisch getriebenen Modells.

- Der klassische Allgemeinarzt oder die Facharztpraxis sowie das Äquivalent zu einer *Gemeindeschwester* als Rückgrat der medizinischen Versorgung der Menschen, gerät in die Defensive und leidet unter Nachwuchsmangel.
- Mehr Gewicht bekommen Spezialpraxen in größeren Städten, die sehr effizient und qualitativ hochwertig arbeiten, aber oft den Trend haben, sich lukrativen Erwerbsquellen außerhalb der solidarischen Krankenversicherung zuzuwenden.
- Regionale Versorgungsunterschiede vertiefen sich durch diesen Trend, da die ambulante Versorgung außerhalb der Ballungszentren entweder weniger lukrativ und/oder

---

Diagnosis Related Groups (DRG) stellen ein internationales System der Klassifikation von Krankheitsfällen im Krankenhaus dar, die zu Fallgruppen gruppiert und länderspezifisch abgerechnet werden.

weniger attraktiv in puncto Lebens- und Arbeitsqualität erscheint.

- Medizinische Versorgungszentren, Laborkonzerne und radiologische Praxisgemeinschaften mit hohem Investitionsbedarf decken den ambulanten Bereich zunehmend ab. Zwar sind dadurch durchaus oft die Qualität und die Effizienz gestiegen, aber diese betriebswirtschaftlichen Vorgaben sind nicht deckungsgleich mit einer – geografisch und sozial – durchgehenden Grundversorgung, auch von Schwachen und Randgruppen.

Angriff auf den Arzt und die Pflegenden

Diese Sicht- und Handlungsweise wird begleitet von eine Marginalisierung, Stigmatisierung und Entmachtung derjenigen, die noch das alte, zu überwindende System repräsentieren, Ärzte und Pflegende. Leider wurde in diesem komplexen System die Verbindung eines Primats medizinischer und sozialer Kompetenz mit modernen Managementmethoden und ökonomischem Sachverstand nicht ausreichend entwickelt. Stattdessen hat jahrzehntelange Umerziehung und Umstrukturierung der Krankenhauslandschaft und der Medizin Mentalitäten und Verhaltensweisen geändert, oft auf Kosten der persönlichen Beziehung zwischen Arzt und Patienten. Die Seele der Behandlung wurde durch das kalte Herz eines Logistikprozesses – selbstverständlich qualitätsoptimiert und kontrolliert – ersetzt und man hat bei Medizin und Pflege den ökonomischen und industrieorientierten *Geist* aus der Flasche gelassen – ohne dieses bei einem sozialen, menschbezogenen Beruf entsprechend zu begleiten.

Unter dem Einfluss einer Doppelzangenstrategie – *dem Vorwurf der ökonomischen und qualitativen Insuffizienz* – erfolgt ein systematischer *Angriff* auf den freien Beruf des Arztes, mit seiner medizinischen und intellektuellen Unabhängigkeit und sozialen Komponente, bzw. die Pflege als die dem Patienten am nächsten stehende Berufskraft mit humaner und sozialer Mission.

Ökonomisch-prozessual erfolgt der Angriff durch ein ständiges Primat der Verwaltungsstrukturen und Controlling-Abteilungen, auf die medizinisch-pflegerisch tätigen *Front-Schweine*, denen implizit die Schuld an der Kostenexplosion und der Verschwendung von Ressourcen vorgeworfen wird. Hinzu kommt eine Philosophie des reinen Prozessdenkens im Sinne der großen Beratungsfirmen, die den Arzt im Grunde nur als verlängerten Arm und Erfüllungsgehilfen eines komplexen Algorithmus von Behandlungsabläufen sehen. Die individuelle, menschliche und vielleicht auch *künstlerische* Komponente des Arztberufes wird vernachlässigt.

Qualitativ erfolgt der Angriff durch ein aus dem Pflege- und Arztberuf zunehmendes *outgesourctes* Qualitäts- und Fehler-management, das in Zusammenspiel mit dem erheblich gestiegenen *medikolegalen*[4] *Druck* (SCHEPPOKAT) einem permanenten Damoklesschwert für Arzt und Pflegekraft gleicht. Nicht, weil Qualitäts- und Fehlermanagement nicht wichtig und unabdingbar für den Beruf sind, im Gegenteil, sondern weil Akteur und Kontrolleur sich als zwei Berufsgruppen mit unterschiedlicher Mission und Horizont gegenüberstehen.

Konkret bedeutet dies, dass die Ärzte aus vielen Entscheidungsprozessen zurückgedrängt werden und ihr medizini-

---

[4] *Mediko-legal* ist ein aus dem Englischen und Französischen übernommener Begriff, der die medizinisch-rechtlichen Aspekte beschreibt

scher, sozialer und organisatorischer Sachverstand vernachlässigt oder nur in Zusammenhang mit ökonomischen Sachverhalten abgeschöpft wird (STRÄTLING & SEDEMUND-
ADIB).

Damit ist das Pendel des Gesundheitssystems ab den Achtzigerjahren vom paternalistischen, medizinerdominierten System in ein anderes Extrem mit Dominanz von Administratoren, Ökonomen, Unternehmensberatern und selbst ernannten
Gesundheitsexperten umgeschlagen. So unangemessen die
frühere Position als medizinischer Halbgott und *Pate* vor 30
Jahren war, so wenig adäquat ist die gängige Haltung, den
Berufsstand durch wahre und vermeintliche Fehlleistungen
Einzelner zu diskreditieren.

Wenngleich Ärzte und Pfleger ebenfalls Teil der *Krankheitswirtschaft* sind und viele sich im Bereich des Gesundheitsmanagements qualifiziert haben, so sind doch beide Berufsgruppen im Kern ein Fremdkörper und Störfaktor im Reich der industriellen, prozessgesteuerten Gesundheitsversorgung – sozusagen das gallische Dorf im Römischen Reich. Man verspürt
den Verlust der früher bekannten Selbstsicherheit, eine Orientierungslosigkeit zwischen sozialem Engagement und Managementtätigkeit, einen gefühlten Abstieg und Bedeutungsverlust der Pfleger und Heiler (FELD).

Der Patient, zunehmend gut informiert durch die modernen
Kommunikationsmedien, kann scheinbar mehr an den Entscheidungen mitwirken. Paradoxerweise ist die wirkliche
Selbstverantwortung für sein Leben eher durch die Rundumversorgung und die Heilsversprechen der modernen Medizin
zurückgedrängt worden. Er wird eher zu einem Logistikartikel,
bei dem reibungsloser Durchlauf wichtiger ist als die Erfüllung

anderer menschlicher und sozialer Bedürfnisse wie Sprechen, Leiden und Mitgefühl.

Die standardisierte Behandlung auf festen Prozesswegen muss, ebenso wie in der Industrie, auf eine gleichbleibend hohe Qualität achten – ein löbliches Ziel. Nur, die Priorität der Wirtschaftlichkeit wird zwangsläufig dazu führen, dass man versucht *Massenproduktion* zu praktizieren, sozusagen die *Skalierung* des Diagnostik- und Therapieablaufes ausgesuchter Krankheitsbilder (BRAUN & BUHR), die dann durch geeignete Qualitätskriterien überprüft werden.

In diesem Prozess werden Menschlichkeit, Zuwendung und von der Norm abweichendes Verhalten zunächst als wenig interessant und dann als unproduktiv, zeitfressend und letztendlich *abnorm* eingestuft. *Rebellen* und *Nostalgiker*, die noch auf die soziale und menschliche Komponente der Medizin und Pflege halten, werden eher ausgegrenzt und demotiviert.

Die Summe dieses Paradigmenwechsels resultiert in einem breit angelegten *Vertrauensverlust* (ANKOWITSCH):

- *Patient versus Medizin und Pflege,*
- *Patient versus Krankenhaus,*
- *Krankenhaus versus Medizin und Pflege und umgekehrt,*
- *Krankenkasse versus Arzt und umgekehrt,*

um nur die wichtigsten zu nennen. Wir beobachten eine *Balkanisierung* des Gesundheitswesens.

Vordergründige Profiteure der Entwicklung sind die vielen patientenfernen Unterstützungsdienste, die langsam die Macht und das Kommando übernommen haben. Die Burn-out-Epidemie in Gesundheitsberufen (SCHATTNER) und der sich verstärkende Ärzte- und Pfleger-Mangel in Europa (KOFLER) sind hier ernst zu nehmende Warnzeichen.

Leidtragende sind zwei Hauptakteure im System:

- Zunächst der Patient, der trotz aller Beschwörungen weiterhin nicht im Zentrum des Gesundheitssystems steht, sondern ein durchlaufender Posten ist. Er merkt langsam, dass es sich angesichts einer zunehmenden Zwei- bis Vierklassenmedizin und der Ausdünnung regionaler Versorgung um eine *Verschlimmbesserung* des Vorherigen handelt.

- Und dann die Pfleger und Ärzte, die sehr wohl unter der Marginalisierung und Enthumanisierung ihres Arbeitsbereiches leiden und im Sinne der *normativen Kraft des Faktischen* den Bereich der Krankenversorgung zunehmend meiden, durch Abwandern in benachbarte Berufszweige oder durch Emigration ins Ausland, wo sie entweder besser bezahlt und/oder besser behandelt werden. Oder, wie es Michael Feld beschreibt: *Keine zwanzig Jahre nach Einzug der Ökonomen verlassen die entehrten Helfer in Scharen angewidert und verbraucht die Stationen und Ambulanzen (...)*(FELD, 8.6.2011)

---

4. These:

Die aktuelle gesellschaftliche Entwicklung, so auch die Medizin, leidet an einer intellektuellen und normativen Verflachung, einer gewünschten Hegemonie der Mittelmäßigkeit, die sie, statt in ein selbstbestimmtes Schicksal, in eine stupide Wachstums- und Technologieentwicklung treibt.

---

5. These:

Parallel zu der Entwicklung in unseren Gesellschaften ist die Medizin und Pflege von der Daseinsfürsorge zu einem ökonomischen Gut geworden, begleitet vom Aufstieg patientenfremder Manager und der Entmachtung der Pfleger und Ärzte. Auf der Strecke bleiben die Patienten, die als *Kunden* hofiert werden, sofern sie die Rechnung bezahlen können, aber fallen gelassen werden, wenn sie nicht in das ökonomisch-funktionelle Schema passen. Wir ernten langsam die Früchte der Tatsache, dass man der Medizin und Pflege das Herz herausgerissen hat.

c. Gesellschaft, Demokratie und Ökonomie

Zwei Tatsachen machen aus der *Gesundheitspolitik* etwas Besonderes:

- Das Thema Gesundheit und Gesundheitsversorgung ist in den modernen Demokratien ein *Ur-Thema* der Gesellschaftspolitik, da es für angewandte Demokratie, also Gleichbehandlung jedes Bürgers steht und damit den Lackmustest für die Robustheit der demokratischen Ordnung eines Landes darstellt.
- Jeder Bürger und Wähler ist auch aktueller oder potenzieller Patient. Damit sind Themen der Gesundheitsversorgung politisch sehr sensible Themen, die rasch ein Parteiprogramm oder auch eine politische Karriere durcheinanderwirbeln können.

Egalité et Fraternité – Gleichbehandlung und Solidarität sind die Grundprinzipien, die trotz aller Vielfalt der Gesundheitssysteme (BULARD) (BACKMAN, et al.) (HSR Report EU., 2011) zu beobachten sind. Gesundheit ist wie Bildung, Rechts- und Sozialpolitik ein demokratisches Basisthema; nirgends sonst wird das Prinzip der Gleichbehandlung so klar erkennbar.

Seit Jahrzehnten liegt das Wachstum der Gesundheitsausgaben in der westlichen Welt über dem Wirtschaftswachstum (OECD, 2012). Dieses ist an sich nicht zu verurteilen, sind doch Ausgaben in ökologisch fragwürdige Projekte, Rüstung oder die globalisierte Finanzwirtschaft gesellschaftlich viel fragwürdiger.

Angesichts der historischen Herausforderungen an die Medizin, mit demografischer Entwicklung, Zunahme chronischer Krankheiten und technisch-biologischer *Explosion* wollen die modernen westlichen Demokratien die Fassade der Egalität im Gesundheitssystem aufrechterhalten. Und obwohl Reizthemen wie *Rationalisierung, Rationierung* und *Mehr-Klassen-Medizin* zunehmend zu einer Realität werden, gelang es den Schein zu wahren:

- durch erhebliche Effizienz- und Wirtschaftlichkeitsreserven im System, die zumindest teilweise erschlossen werden,
- durch eine schuldenfinanzierte keynesianische Politik (STREECK), die drohende Löcher stopft,
- durch eine eher verdeckte Entwicklung, z. B. durch Ausdünnung von medizinischen Einrichtungen, erschwertem Zugang zu Diagnostik und Therapie, finanziellen Aspekten, aber vor allem der Fehlallokation der Ressourcen im Gesundheitssystem – weg von der Basis-

versorgung aller, hin zu lukrativen und renditeträchtigen Eingriffen –

- und durch den hohen Einsatz der am Patienten Tätigen, aber auch freiwilliger Helfer, die weiter ein hohes Versorgungsniveau, wenn auch um den Preis eines häufigen Burn-outs der Betroffenen, gewährleisten.

Ein weiterer interessanter und vernachlässigter Gedanke kommt von Nicolas Treusch, der bei der Risikobewertung, politischen Wertung und Mediatisierung auf die unterschiedliche Bewertung *sichtbarer* individueller Opfer und unzähliger *statistischer* Opfer hinweist (TREUSCH). Gerade in der Gesundheits- und Sozialpolitik wird durch den oft medialen oder durch emotionale Diskussionen erzeugten Druck aufgrund von Einzelschicksalen eine intransparente, sprunghafte und letztlich ungerechte Politik gefördert. Angesichts limitierter finanzieller und gesellschaftlicher Ressourcen im Sinne einer *kommunizierenden Röhre,* wird damit der medial geschickt präsentierte *Einzelfall* gegenüber der schweigenden *statistischen Masse* gefördert, auf Kosten der Glaubwürdigkeit einer langfristigen Politik.

Der Zielkonflikt *gleiche Behandlung für alle, um den Preis einer Rationierung und Limitierung der (gesellschaftlich abgestimmten!) Vorgaben der Gesundheitspolitik* (MACK, 2001) **versus** einer *Mehrklassenmedizin mit Maximal- und Minimaltherapie* wird dahin gehend aufgelöst, dass eine gleiche Behandlung mit den maximalen Möglichkeiten suggeriert wird. Damit schiebt unsere Gesellschaft neben der Schulden- und Rentenproblematik eine weitere sozialpolitische Sprengladung vor sich her, die zu entschärfen dann der nächsten Generation auferlegt wird.

Die Vermeidung dieser ethischen und politischen Diskussion mag zumindest für Deutschland teilweise an seiner nationalsozialistischen Vergangenheit in der Medizin und Eugenik und dem Holocaust liegen (FRIEDLANDER) (LIFTON) (SCHARSACH). Sie liegt aber auch in dem Zusammenbruch totalitärer Staaten und dem unbedingten Willen nach Freiheit und Liberalisierung. Daraus entstand eine Ideologie des freien Marktes und der Ökonomisierung und Gewinnmaximierung (FLENKER & KLOIBER) und eine Aversion gegen staatliche Gesundheitsfürsorge und *Public-Health*-Ansätze. Diese Entwicklung findet schon frühzeitig ihre Kritiker (DÖNHOFF) (DUCLOS), einen nennenswerten Brems- und Umdenkprozess in den Köpfen der Menschen und der Eliten erkennt man erst nach der Sub-Prime-Krise im Jahre 2008. (ARTUR DU PLESSIS, 2011) (HABERMAS, 2008)

Eine weitere gesellschaftspolitische und ökonomische Konsequenz des Egalitäts-und Fraternitätsgedankens betrifft das *Solidaritätsprinzip*. So sehr man in Europa auf jede soziale Veränderung streng achtet, stört es bislang sehr wenige Menschen, dass es vor allem in Afrika Länder mit katastrophalen Kennzahlen für Kindersterblichkeit, Impfschutz und Lebenserwartung gibt. (BACKMAN, et al., 2008) (PETERSEN, 2003)

Einige Leistungs-und Schlüsseldaten der Gesundheitssysteme zeigen im weltweiten Maßstab eklatante Unterschiede in den Pro-Kopf-Ausgaben für Gesundheit.

	Lebens-erwartung bei der Geburt, beide Geschlechter 2010	Kindliche Mortalität unter 5 Jahren / 1000 Geburten	Ausgaben für Gesundheit / pro Kopf ($)	Ausgaben pro Kopf / Lebens-erwartung ($)	Ausgaben Gesundheit (% des BSP)
MALAWI	54	83	26	0,48	6,6
AFGHAN.	48	101	38	0,79	7,6
LAOS	67	42	46	0,69	4,5
KUBA	79	6	607	7,68	10,6
NZ	81	6	3279	40,48	10,1
GB	80,6	5	3503	43,46	9,6
D	80,5	4	4668	57,99	11,6
S	81,5	3	4710	57,79	9,6
DK	79,3	4	6422	80,98	11,4
USA	78	8	8362	107,21	17,9

Tabelle 1: Leistungs- und ökonomische Schlüsseldaten einiger ausgewählter Länder auf 5 Kontinenten (Daten: OECD 2012, The World Bank 2012, WHO).

Dieses zeigt uns zweierlei: man kann mit bescheidenen Mitteln, aber einer konsequenten Gesundheitsorganisation, eine Bevölkerung ordentlich versorgen (Kuba) – und man kann gigantische Summen Geld ausgeben, die aber gesundheitspolitisch zum guten Teil verpuffen und wohl eine bestimmte *Krankheitsindustrie* versorgen (USA). (DE NAVAS-WALT, et al.) (WOOLHANDLER)[5]

Betrachtet man die Situation entwickelter Länder mit einer gesetzlichen und/oder organisierten Krankenversicherung, so können auf der Einnahmenseite die erheblichen Summen für Gesundheit, die bis 18 Prozent des Bruttosozialproduktes ausmachen können (USA), durch vier Mechanismen erhoben werden:

- private Finanzierung durch den Leistungsempfänger
- Finanzierung durch eine *Risiko-Krankenversicherung*
- solidarische Finanzierung nach den finanziellen Möglichkeiten des Versicherten
- Steuerfinanzierung

Erstaunlicherweise sind die Versicherungssysteme international sehr heterogen, selbst innerhalb der Europäischen Union und Nordamerika[6]. Deutschland leistet sich dabei eine weltweit

---

[5] Mit den mit Abstand höchsten Gesundheitsausgaben pro Kopf (WORLD BANK, 2013), nur mittelmäßigen Plätzen bei finanzieller Fairness und mittelmäßiger Kosteneffizienz in Hinblick auf den Gesundheitszustand und das allgemeine Gesundheitsniveau. (PETERSEN, 2003) Diese Betrachtung wird für die USA noch ungünstiger, wenn man bedenkt, dass circa 49,9 Millionen Menschen keinen oder nur einen unzureichenden Versicherungsschutz genießen.

[6] Und während die USA stark auf die private und risiko- bzw. beschäftigungsbasierte Versicherung setzen, mit 8.232 $ Pro-Kopf-Ausgaben, besitzt

einzigartige Versicherungssituation, indem es zwei parallel betriebene Versicherungsssyteme praktiziert:

- Eine solidarische und obligatorische, aus dem Einkommen errechnete gesetzliche Krankenversicherung (GKV), der ca. 85 Prozent der Bevölkerung angehören
- und eine auf Basis des Risikos berechnete private Krankenversicherung (PKV) nach dem Äquivalenzprinzip, der demensprechend 15 Prozent der Bevölkerung angehören *dürfen*, nämlich Selbstständige, Gutverdiener[7] und Beamte

Beide Versicherungsgruppen werden gleichzeitig im ambulanten und stationären Bereich versorgt, wobei es hier durch unterschiedliche Vergütungssysteme und –höhen unbestritten zu Verwerfungen kommt.

Abgesehen von der Tatsache, dass dieses Konstrukt, wenngleich historisch in Deutschland gewachsen,[8] international quasi einmalig ist, bleibt es ordnungspolitisch problematisch:

- durch das Bestehen zweier widersprüchlicher Versicherungskonzepte: solidarisch/abhängig von der finanziellen Leistungskraft **versus** Äquivalenzprinzip/Risikoabhängigkeit,

---

sein Nachbar Kanada ein solidarisch finanziertes und organisiertes Gesundheitssystem mit etwas mehr als der Hälfte der Pro-Kopf-Ausgaben (4.444 $). (OECD, 2012)

[7] Versicherungsgrenze GKV 2013: Jahresverdienst 52.200 € und 4.350 € Monatsverdienst

[8] PKV: ab 1883 als Beamtenkrankenkasse und dann ein besonderer Aufschwung 1934 im Dritten Reich durch das Gesetz über den Aufbau der Sozialversicherung.

- durch die weder politisch noch historisch vermittelbaren Ein- bzw. Ausschlusskriterien für oder gegen die private Krankenversicherung,
- und durch die dadurch induzierte asymmetrische Organisation und Verteilung der Gesundheitsressourcen, die dem Strom des Geldes bzw. der Vergütung einer Gesundheitsleistung folgen und nicht der Schwere der Krankheit und damit dem realen Ressourcenbedarf.

Die damit fast zwangläufig generierte Mehrklassenmedizin (LAUTERBACH) ist gesellschaftspolitisch langfristig mehr als problematisch, erschwert aber auch eine bessere und effizientere Gesundheitsorganisation. Denn ein weiterer Mahlstein lastet auf vielen Gesundheitssystemen, gerade auch dem deutschen: die ausgeprägte Trennung zwischen dem stationären Krankenhaussystem einerseits, und dem ambulanten Bereich niedergelassener freiberuflicher Ärzte.

Wenngleich weder die Krankheit noch der davon betroffene Patient an dieser Trennung interessiert sind, müssen die Ursachen dieser Entwicklung in der Geschichte und Kultur jeden Landes gesucht werden.[9] In einer Welt, wo durch moderne Diagnostik, elektronische Kommunikation und Therapie immer

---

[9] In Deutschland wurde ab 1913 und dann verstärkt ab 1931 die Selbstverwaltung der freiberuflichen Ärzte bestärkt, um als *Kassenärztliche Vereinigungen* zu einem quasi-staatlichen und monopolistischen Instrument im ambulanten Bereich der Krankenversicherung ausgebaut zu werden. (KASSENÄRZTLICHEN VEREINIGUNG BADEN-WÜRTTEMBERG, 2011). Diese ärztliche Selbstverwaltung wurde nach der Wiedervereinigung 1990 ebenfalls in das Gebiet der ehemaligen DDR übertragen und bestimmt bis heute die ambulante Versorgung.

mehr Behandlungen ambulant durchgeführt werden können, entstehen hier Schnittstellen, die sowohl organisatorisch wie auch ökonomisch das System unnötig schwerfällig und teuer machen.

Aber *Krankheitswirtschaft* als *Wirtschaftsfaktor, Beschäftigungsmotor und Renditeobjekt* erster Ordnung spielt auch regional eine Schlüsselrolle, sodass sich viele politisch Verantwortliche nicht unbedingt gegen Veränderung und Neuausrichtung wehren. Wir haben hier das Phänomen, dass aus nachvollziehbaren politischen Argumenten (Arbeitsplätze, wohnortnahe Versorgung ...) auf nicht mehr zeitgemäßen und ineffizienten Strukturen, oft Krankenhäusern, beharrt wird, anstatt eine innovative Gesundheitsversorgung zu organisieren.[10]

Andere Länder, wie die skandinavischen Länder und der Beneluxraum, haben hier intelligentere Gesamtlösungen anzubieten, die den Arzt und die technischen Ressourcen flexibler einbinden. (MATZ).

Das deutsche Gesundheitssystem ist durch die Qualität seiner Mitarbeiter und Tugenden, wie gute Organisation, wenig Korruption, Disziplin und Effizienz, in der Mikro- und Mittel-Ebene des Gesundheitssystems vorbildhaft, es ist nur leider in der Makro-Ebene, dem großen Rahmen, suboptimal aufgestellt. Die *fehlende allgemeine Bürgerversicherung* für jedermann mit zwei inkompatiblen Versicherungssystemen führt zu verschiedenen Abrechnungssystemen, die nicht einer Logik der Krank-

---

[10] Hierfür gibt es den schönen französischen Begriff der *rançon hospitalière*, als der Erpressung durch die aktuelle Krankenhaussituation.

heit und des Patienten folgen, sondern der Logik, wo die Krankheit behandelt wird (ambulant oder stationär) und wie der Patient versichert ist (gesetzlich GKV oder privat PKV).

Die *unlogische und nicht mehr zeitgemäße Aufstellung der Gesundheitsversorgung* verfügt über einen Überhang an akuten Krankenhausbetten und eine Krankenhausmedizin, die hierarchisch organisiert und zu wenig durchlässig für den ambulanten Sektor ist.

---

6. These:
Demokratie und gerechte Gesundheitsversorgung gehen Hand in Hand. Eine ungerechte Gesundheitsversorgung hat das Zeug, unsere Gesellschaft zu sprengen. Eine offene Diskussion über Rationierung und gerechte Teilung der Ressourcen im Gesundheitswesen könnte die Nagelprobe für unsere Gesellschaft sein, ebenso wie die Einführung der Begriffe *Nachhaltigkeit* und *Suffizienz*.

---

7. These:
Eine nicht-egalitäre Gesundheitsfinanzierung und -versorgung, zusammen mit einer Vernachlässigung der regionalen Versorgungskonzepte, wird keinen dauerhaften Bestand haben. Im speziellen Fall Deutschlands findet man zudem die historisch gewachsenen Besonderheiten in seinem zweigeteilten Versicherungssystem und der zu strikten Trennung zwischen ambulanter und Krankenhausmedizin.

d. Unlogischer und überteuerter Aufbau der Krankheitsversorgung

Die derzeitige Organisation der Gesundheitsversorgung und dementsprechend die internationale Diskussion verkennen meist, dass wir es mit mindestens 4 Typen von Krankheitsbehandlung zu tun haben, die parallel existieren.

1. Krankenhausmedizin
- Notfallbehandlung, Operationen , Intensivmedizin

2. ambulante Medizin
- Hausarzt, niedergelassene Ärzte zur Grundversorgung

3. Versorgung alter und chronisch kranker Menschen
- ambulante und spezialisierte stationäre Versorgungskette

4. Lifestyle- und Privatmedizin
- ökonomisch getriebene und privat finanzierte Medizin ausserhalb der Solidarversorgung

Tabelle 2: Die vier Module der medizinischen Versorgung.

Das fundamentale Problem der *Architektur* unseres Gesundheitssystems, mit Unterschieden zwischen verschiedenen Ländern, besteht in drei Fehlentwicklungen, die damit in Zusammenhang stehen.

Erstens die fehlende Anpassung der bestehenden Strukturen, meist Krankenhäuser, an die rasante Entwicklung im Bereich der Altersmedizin, chronischer Krankheiten und der ambulant durchführbaren Medizin und Pflege. Dieses ist teilweise durch ihre veraltete und unflexible Bauweise zu erklären, aber vor allem ihrer Inertie und ihrem Machtanspruch, die gesamte Medizin mit Mitteln der Akut-, sozusagen *Kriegsmedizin* abzudecken. Zum **Zweiten** sind die Schnittstellen zwischen diesen *Behandlungsräumen* unterentwickelt und nicht ausreichen gefördert. Auch hier ist ein Teil des Problems die fehlende Weitsicht der Entscheider, auch in der Medizin, aber auch fehlender politischer Mut und Wille, um strukturelle Reformen und einen Neuansatz durchzuführen.

Der **dritte** *Faktor*, der letztendlich am schwersten wirkt, ist ökonomischer Natur. Denn die inadäquate Behandlung des Patienten in dem falschen *Behandlungsraum* führt nahezu immer zu einer aufwendigeren, überteuerten und ineffizienten Medizin und Pflege. Es erfolgt nicht immer, wie es sinnvoll und erstrebenswert wäre, eine stufenweise und patientenadaptierte Abrechnung der Leistungen, sondern jeder der vier Behandlungsräume rechnet und denkt für sich. Hier spielt der Faktor des *Moral Hazard*[11], auf den ich später noch eingehe, eine große Rolle. Denn jeder Akteur, längst nicht nur der Patient, sondern Ärzte und zunehmend auch Gesundheitsinstitutionen, z. B. Krankenhäuser, sind bestrebt, ökonomische Vorteile aus dem System zu ziehen.

Damit folgt das System nicht der Krankheit des Patienten, sondern dem *Behandlungsraum*, es rechnet inadäquat ab und last, but not least: es stellt durch die Inertie und Verteilungskonflikte der Bereiche eine gigantische Reformbremse dar.

---

[11] *Moralische Versuchung*: eine Verhaltensänderung durch eine Versicherung gegen ein Risiko, weil der Einzelne Regeln nicht respektiert und unterläuft und diese zugunsten der eigenen Interessen ausnutzt.

e. Organisation und Vermarktung der Krankheit

Wir beobachten einen paradoxen Mechanismus, der einerseits die *Kosteneffizienz bei Diagnose und Therapie* an oberste Stelle rückt, aber andererseits begleitet wird von einer pharmazeutischen Industrie, die Konsum und Vermarktung oft nicht am Nutzen für die Menschheit, sondern dem zu erwartenden Ertrag orientiert und stark auf Chemie und Geräte, und weniger auf Sprechen, Verstehen und Deeskalieren setzt.

Deutlich wird dies auch bei der Entwicklung vielversprechender, aber sehr teurer neuer Medikamente (z. B. Immuntherapie bei Krebs) oder Implantaten (z. B. das 2013 in Frankreich entwickelte Kunstherz). (CABUT, 2013) Die enge Verflechtung wird durch das *Fehlen einer neutralen, unabhängig finanzierten Forschung*, gerade auch mit dem Fokus auf Themen der öffentlichen Gesundheitsversorgung (Public-Health) verstärkt. Daher beobachten wir verstärkt die Beschreibung von Krankheitsbildern, auch *neuen Erkrankungen oder Befindlichkeitsstörungen*, die unter der Prämisse einer optimierten Ablaufplanung und Kosten-Nutzen-Analyse den Beteiligten die wirtschaftliche Existenz sichert.

Dieses wird unterstützt durch die jahrzehntelange Verunsicherung der Menschen in Hinblick auf ihr Gesundheitsbewusstsein bis hin zu der Maxime: *Jeder Mensch ist krank, man hat nur nicht lange genug gesucht.* Hierdurch entstehen ungesunde, um nicht zu sagen perverse Nebeneffekte, wie Krankheitsbilder mit hoher Wertschöpfung, Pseudoinnovationen und Behandlungen von Phantomkrankheiten und Befindlichkeitsstörungen.

Krankheitsbilder mit hoher Wertschöpfung

Die Effizienz- und Qualitätssteigerungen in der Behandlungs-
kette haben dazu geführt, dass die Behandlung ernst zu neh-
mender Krankheitsbilder in der richtigen Institution zu optimalen Ergebnissen mit einem Minimum an Komplikationen führt
und – in Abhängigkeit zum Abrechnungssystem des Landes–
zu einer optimierten Wertschöpfungskette. Die kaufmännisch-
organisatorische Ausrichtung von Akutkrankenhäusern und
Spezialkliniken mit dem Hauptakzent auf diese hohe Wertschöpfung blendet aber die Tatsache aus, dass nur ein Teilas-
pekt der Gesundheitskosten eines Patienten bzw. einer Erkrankungen abgebildet werden – nämlich die im Krankenhaus ent-
standenen Kosten (BRAUN & BUHR, 2008).

Ein typisches Beispiel sind Fallpauschalen für Krankheitsbilder
und/oder Operationen, wie z. B. die in Deutschland eingeführ-
ten *Diagnosis Related Groups* (DRG)[12]. Die dadurch erzwun-
gene Straffung, Effizienzsteigerung und meist Qualitätsverbes-
serung einzelner Krankheitsbehandlungen stellen positive Effekte dar. Der negative Effekt ist nicht allein die Tatsache, dass
die Kostensteigerung im deutschen Gesundheitswesen nicht
gebremst wird, sondern vielmehr, dass es eine Ausrichtung der
Krankenhäuser und der Medizin hin zu Erkrankungen mit hohem Ertrag nach Abzug der Kosten bewirkt (SIMON, 2013),
bis hin zu dem Effekt, dass überdurchschnittlich viele dieser
rentablen Operationen durchgeführt werden.

---

[12] DRG sind ein Klassifikationssystem für Krankenhausfälle, die anhand der
medizinischen Diagnose Fallgruppen schafft und aus diesem Behandlungs-
aufwand nach einer komplexen Prozedur die Abrechnung im Krankenhaus
durchführt.

Sicher ist auch, dass OP-Zahlen insgesamt von der Höhe der Gesundheitsausgaben abhängen (WEISER & REGENBOGEN, 2008) und auch mit der Zunahme älterer Menschen und chronischer Erkrankungen in Zusammenhang stehen.

Dank moderner Operations- und Narkoseverfahren mit einem relativ niedrigen Risiko kann bei geeigneten Anreizen der Ermessensspielraum in Richtung Operation ausgeweitet werden. Daher gibt es bei einer Reihe von Eingriffen zum Teil eklatante internationale Unterschiede in der OP-Häufigkeit. (KUMAR & SCHOENSTEIN) (OECD, 2012)

Es ist eine komplexe Diskussion, die allerdings mehrere Fragen offen lässt:

- Warum werden diese Art der Chirurgie oder Eingriffe, die je nach Abrechnungssystem des Landes gut vergütet werden, so unterschiedlich häufig durchgeführt?
- Warum gibt es nahezu groteske Unterschiede in der OP-Zahl in hoch entwickelten Ländern mit vergleichbarer Lebensqualität und Gesundheitsdaten?
- Warum weisen hoch entwickelte Länder mit niedrigen Zahlen von Krankenhausbetten pro Einwohner ebenfalls deutlich niedrigere OP-Zahlen auf?

Hier wäre der Platz einer unabhängigen, leistungsfähigen und international aufgestellten Versorgungsforschung.

Pseudoinnovationen und Phantomkrankheiten

Nur maximal zehn Prozent der Innovationen von Medikamenten bringen einen therapeutischen Vorteil und verbessern die Gesundheitsversorgung der Menschen (BALLWIESER, 2013), im Kontrast zu der Werbung der pharmazeutischen Industrie und der *Meinungsbildner* unter den Ärzten.

Echte therapeutische Fortschritte sind selten, für Deutschland und Frankreich geht man von zwei bis vier Substanzen pro Jahr aus (Arznei-Telegramm, 2001) (PRESCRIRE, 2005), die eine nähere Betrachtung oder gar einen Einsatz am Patienten verdienen.

Pseudoinnovationen, die auf oft wissenschaftlich-statistisch fragwürdigen Studien basieren, werden mit der wissenschaftlichen Unterstützung von honorierten Meinungsbildnern ihres Fachgebietes und massiven Werbekampagnen der Pharmafirmen in den Markt gedrückt.

Die Folgen sind vielfach, aber in jedem Fall muss der Verbraucher und Patient mehrfach zahlen und büßen:

- *Finanziell,* da sowohl Forschung wie auch Vermarktung selbstverständlich nicht umsonst erfolgen, sondern durch das *Pricing* an den Verbraucher und/oder die Krankenkasse zurückgegeben werden.[13] Patentierung führt zu künstlicher Verknappung und Monopolisierung[14], was ohne Frage zu einer Verteuerung der Medizin führt. (CABUT & HECKETSWEILER, 2013)
- *Medizinisch,* da oft bewährte, langjährige, günstige und dokumentierte Therapien zugunsten teurerer und neuerer Moleküle ohne Mehrwert verlassen werden, mit oft nicht

---

[13] Siehe dazu auch: *The new economist*, Jan 4th 2014: *The new drugs war.*

http://www.economist.com/news/leaders/21592619-patents-drugs-are-interests-sick-well-industry-protection-should-not

[14] Ein markantes Beispiel ist die Behandlung der makulären Degeneration der Netzhaut mit einem offiziell zugelassenen Molekül (Lucentis ®) und einem 36-mal günstigeren, qualitativ gleichwertigen Molekül (Avastatin ®). (CABUT & HECKETSWEILER, 2013)

abschätzbaren Langzeitfolgen, wie z. B. bei den soge-
nannten COX-2-Schmerzmitteln (KRÜGER, 2004) oder
bestimmten Cholesterinsenkern (WEIDEN, 2001).

- *Gesundheitspolitisch,* da im Gesundheitssystem der finanziell kommunizierenden Röhren das Geld, welches
  für unnütze oder überteuerte *Innovationen* ausgegeben
  wird, an anderer, vielleicht für die Gesamtgesundheit
  wichtigerer Stelle fehlt.

So haben die pharmazeutischen Firmen in den Jahren 1974-
2004 zwar 1.556 neue Moleküle entwickelt, aber nur 18 für die
Tropenerkrankungen und drei gegen Tuberkulose – eine Infek-
tion, die Hunderte Millionen Menschen betrifft (CHIRAC &
TORREELE, 2006) – oder sich seit Jahrzehnten nicht mit der
Behandlung der Schlafkrankheit (Trypanosomiasis) beschäftigt
(KENNEDY, 2004).
Erstaunlich ist, dass die 20 wichtigsten Medikamente mit öf-
fentlichen Mitteln erforscht wurden (FDA 2003).

Das Kontinuum zwischen Krankheit und Gesundheit wird in
Richtung Krankheit verschoben und in der Logik des *Marktes*
werden neue *Käuferschichten* oder besser gesagt, neue *gesunde
Kranke* erschlossen. Hierzu bedarf es eines potenten Marke-
tingapparates, mit enger Anbindung an medizinische Meinungsträger. Damit wird im Sinne einer negativen Gesundheitserziehung der Menschen eine permanente Unsicherheit,
das Gefühl vielleicht doch krank zu sein, früher zu sterben oder
anormal zu sein erzeugt, *weil man nicht genug untersucht wurde.* Verstärkt wird dieses durch die ungeahnten Möglichkeiten
der Labordiagnostik, der genetischen Kartierung und der bild-
gebenden Verfahren. Ein spezielles Gebiet stellt die plastische

oder *Schönheitschirurgie* dar, die angesichts eines unerfüllbaren Schönheitsideals und des Kampfes wohlsituierter Menschen gegen den biologischen Alterungsprozess eine explosionsartige Entwicklung erfährt.

Das Belastende dieser Entwicklung liegt darin, dass biologische und psychische Normalität kaum noch existiert oder die Ausnahme darstellt – ein Volk von Patienten – und damit das Selbstbewusstsein der Menschen und auch ihre Souveränität unterhöhlt werden zugunsten von *Experten* und hochkomplexen Apparaten aus der Labormedizin, der Gentechnik oder der Bildgebung.

Es gibt eine Vielzahl von Beispielen und Literatur zu diesem Thema (BLECH, 2005). Sie bekommen aufgrund fragwürdiger Studien und unpräziser Diagnosekriterien Krankheitswert und werden damit als behandlungsbedürftig erklärt, oft lebenslang, ohne dass in ausgewogener Weise die Nutzen-Risiko-Betrachtung durchgeführt wird. Dazu fehlt uns oft nicht nur die unabhängige pharmazeutische Forschung, sondern schlicht und einfach die Zeit für die Langzeitbeobachtung.

Betriebsblindheit bei Erkrankungen mit sozialem und gesellschaftlichem Kontext oder Umwelterkrankungen

So aktiv und innovativ man bei der Generierung neuer Krankheitsbilder mit umsatzsteigernden Effekten ist, so passiv um nicht zu sagen betriebsblind ist man, wenn es darum geht

- soziale und gesellschaftliche Zustände in Hinblick auf Volkskrankheiten zu analysieren, beispielsweise Depressionen und Suizide in Bezug auf Arbeitsverhältnisse, Großstadtleben, Allergierate und Lebensweise, Ernährungs- und Lebensgewohnheiten, Fettsucht, Schlafentzug und Schichtarbeit (MÖLLER-LEVET & ARCHER, 2013) etc.,

- Umwelteinflüsse auf Krankheiten zu erforschen und neue Umwelterkrankungen zu erkennen (PALL, 2007) und
- aufwendige, teure und iatrogene Therapieverfahren zu identifizieren und abzuschaffen.

Der neueste Begriff ist der der *personalisierten Medizin*[15], der aber statt eines umfassenden, holistischen Blicks auf die körperliche, psychische und Umweltsituation des Einzelnen bereits von einer biochemisch-genetisch orientierten Pharmakotherapie beherrscht wird. Der Ausgang dieses an sich hochinteressanten und potenziell wichtigen Forschungsgebietes bleibt abzuwarten. Es wird aber letztendlich nur Bestand haben, wenn es jedem Menschen zur Verfügung steht und alle Lebensaspekte einbezieht.

Hinzu kommt, dass einige umweltbedingte oder toxische Krankheitsbilder enorme Folgekosten bei der ökologischen Sanierung, gar der Umstellung unserer Lebensweise oder auch der Infragestellung einer bestimmten Politik nach sich zögen. Denken wir nur an die jahrzehntelangen Rückzugsgefechte beim Nikotin und Tabak, Asbest, Agent Orange, Polychlorierte Biphenyle (PCB) etc. Und das nächste große Match steht aus bei der Bewertung und Strategie der Tatsache, dass Abgase von Dieselmotoren hochgradig krebserregend sind (IARC/WHO, 2012).

---

[15] Unter *personalisierten Medizin*, eigentlich eine umfassende patientenorientierte Medizin, wird derzeit vor allem eine an Biomarkern und dem individuellen Genom orientierte Pharmakotherapie verstanden.

Diese Entwicklung ist auch Ausdruck davon, dass eine unabhängige, öffentlich finanzierte *Versorgungs-Forschung*, die diese Aufgaben im Sinne der Allgemeinheit übernehmen sollte, oft unzureichend unterstützt wird oder gar fehlt und kaum Anreize für nicht-profitablen Lösungen bestehen. (GLAESKE, et al., 2010) und die Forschung und auch populärwissenschaftliche Medien in eine *wirtschaftsfreundliche* Richtung gelenkt werden (FOUCART, 2013).

---

8. These:

Eine nicht immer unabhängige medizinische Wissenschaft in Verbindung mit dem ökonomischen Primat haben die medizinische Diagnostik und Therapie teilweise beeinflusst, um nicht zu sagen korrumpiert. Der erforderliche medizinische Ermessensspielraum wird zu oft für überzogene und ökonomisch interessante Therapien, Pseudodiagnosen und überteuerte Medikamente genutzt und zu wenig für soziale und Umwelteinflüsse auf die Krankheit oder die Unterbindung überzogene Therapien.

---

f. Wissenschaft und Lehre: *Publish or perish*

Die wissenschaftliche Ausrichtung der modernen Medizin ist grundsätzlich ein Fortschritt, da dadurch ein sachlicher und nachvollziehbarer Ansatz für Diagnostik und Therapie gewählt und gelehrt wird.

Selbst bei korrekter Methodologie ist Forschung nicht wertfrei, weder in medizinischer, noch in ethischer oder gar in ökonomischer Hinsicht, da wir uns in einer kommunizierenden Röhre begrenzter Ressourcen befinden. (WAGNER) (MUMFORD) (SCHEPPOKAT). Was wir an neuer Diagnostik und Therapie einbringen, verändert bei begrenzten Ressourcen eine Reihe medizinischer, sozialer und ökonomischer Parameter. Große Themen wären z. B. die demografische Entwicklung und Alterung der Gesellschaft, die von einer Analyse der Folgen und einer Strategie des gesellschaftlichen Managements begleitet werden müsste.

Wohl haben die Medizin und unsere Gesellschaft derzeit das unausgesprochene Ziel jedermann 100 Jahre alt werden zu lassen, es gibt aber keinen Plan für die nachrückenden Generationen und wie sich Arbeit, Wohnraum und soziale Entwicklung für die junge und alte Bevölkerung entwickeln (SCHIRRMACHER, 2006), denn es mangelt an einer *Forschungs-Folgeforschung*, die versucht, in Zusammenarbeit mit anderen wissenschaftlichen Disziplinen, die Auswirkungen auf die Menschen und die Gesellschaft aus mehreren Blickwinkeln abzuschätzen.

Die biomedizinische Forschung hat das systematische Problem, dass ein Großteil der Forschungsergebnisse *aufgrund methodischer Mängel bzw. Unzulänglichkeiten des statistisch-methodischen Vorgehens falsch oder insignifikant sind.* (IOANNIDES JPA, 2005) Selbst die ca. 2.500 Metaanalysen, die jährlich auf Englisch in der medizinischen Datenbasis MEDLINE veröffentlicht werden, leiden unter methodischen Mängeln und einer oft insuffizienten Kommunikation von Schlüsselergebnissen. (LIBERATI A, 2009) Ungünstige Ausgangsparameter für valide Ergebnisse sind dabei in der Regel sowohl die gewählte Fragestellung, das methodologische Setting, die Zahl der Probanden, wie auch das wirtschaftliche Interesse an den Ergebnissen und die Zahl der Forscherteams, die an einer Fragestellung mit positiven Ergebnissen (*Publikationsbias*) arbeiten. Sie sind nicht gefälscht (s.u.), sie sind in ihrer statistischen Aussage einfach falsch bzw. nichtssagend.

In this framework, a research finding is less likely to be true when the studies conducted in a field are smaller; when effect sizes are smaller; when there is a greater number and lesser preselection of tested relationships; where there is greater flexibility in designs, definitions, outcomes, and analytical modes ; when there is greater financial and other interest and prejudice; and when more teams are involved in a scientific field in chase of statistical significance.

(IOANNIDES JPA, 2005)

Es lastet ein ständiger Druck auf den Forschern, in hochwertigen Zeitschriften und mit einer hohen wissenschaftlichen Signifikanz bzw. hohem wissenschaftlichem *Impact* zu publizieren – *publish or perish*. Neben den von Ioannidis dargelegten methodologischen und systemischen Schwachpunkten, liegt diesem System oft ein *Bias*, eine Verzerrung sowohl der Fragestellung wie auch des Studienaufbaus vor, der statistische Signifikanz hervorbringen soll. Dieses ist umso wichtiger, wenn neben der Reputation eines Forschers und eines Instituts auch wirtschaftliche Interessen hinter bestimmten Ergebnissen stehen. Dabei gibt es schlichtweg Ergebnisse der biomedizinischen Forschung, die gefälscht oder Plagiate sind (FANG, et al., 2012), erkennbar an der Zahl der Arbeiten, die zurückgezogen werden müssen (BARTENS, 2012). Während nur 21 Prozent der Beiträge aufgrund von Fehlern zurückgezogen wurden, waren es in 43.4 Prozent Fälschungen und in 9.8 Prozent Plagiate.

Der an sich sinnvollen Trend, verbindliche Empfehlungen zu Diagnose und Therapie in Form von Leitlinien zu bringen, kann dann problematisch werden, wenn diese Objekt von Interessenkonflikten und Einflussnahme von Meinungsträgern und der Industrie werden (KUHRT, 2013) und damit das System sozusagen von innen aushöhlen, gerade angesichts der Verbreitung im Fachgebiet und in Zusammenhang mit einem hohen organisatorischen und Qualitäts-Druck sowie medikolegalen Auflagen. Die von Archie Cochrane ab 1972 begründete und dann weltweit fortgeführte evidenzbasierte Medizin (COCHRANE, 1989) ist eine Antwort auf diese Probleme, nicht ohne selbst neue Probleme zu schaffen. Denn auch dieser Ansatz leidet an methodischen Fehlern und Mängeln, die ihre Glaubwürdigkeit untergraben könnten. (LIBERATI A, 2009) (WESSLING, 2011) Und nur ein geringer Teil der Medizin und der Pflege ist mit einem ausreichend hohen Evidenzgrad (Ia) versehen, viel beruht auf Studien mit nicht gesicherter Allgemeingültigkeit oder empirischen Werten.

Parallel zu der Entwicklung in Gesellschaft und Medizin sind auch die Forschung und die damit verbundenen Kommunikationsinstrumente wie Publikationen, Fortbildungen und Kongresse zu einer Industrie geworden, gerade weil sie untrennbar mit dem Beruf und Leben des Arztes und des Pflegenden verbunden sind. Die Bindung der Meinungsträger und Veranstalter, sowohl finanziell wie auch inhaltlich an die Industrie, können zu einer Beeinflussung bis hin zu einer subtilen Korruption führen, durch Finanzierung von Kongressreisen, Einladungen zu honorierten Vorträgen der Meinungsträger oder klinischer Forschung bei neuen Medikamenten oder Techniken. (KREMER)

Ein Gegengewicht kann das Engagement unabhängiger Ärzte und Publikationen sein, die die Auswirkungen für die Aus-und Weiterbildung begrenzen. (KREMER, 27.4.2013) (Arznei-Telegramm, 2001) (PRESCRIRE, 2005) Die Konsequenz aus diesen Gedanken wäre, die derzeit herrschende *Diktatur der richtigen Antwort und des richtigen Weges* in der Medizin und ein zu eindimensionales und verengtes Bild auf den Patienten und seine Existenz zu berichtigen und wieder auf die Wurzel des ärztlichen Berufes zurückzukommen, die *ärztliche Kunst* und die Fertigkeit, auf den Patienten und sein Umfeld einzugehen.

Die Zukunft wird zeigen, ob sich der stromlinienförmige Arztmanager durchsetzt oder das Pendel zurückschlägt in Richtung menschliche Nähe.

---

9. These:

Die Medizin und die Wissenschaft haben zumindest zum Teil einen faustischen Pakt mit Geldgebern und Meinungsführern geschlossen, der ihre Unabhängigkeit bedroht und zu einem Einheitsdenken und -handeln führt, welches sich nicht unbedingt am Patientenwohl oder dem gesellschaftlichen Nutzen orientiert.

---

g. Verrechtlichung der Medizin

Das Verhältnis zwischen Recht und Medizin ist untrennbar mit der aktuellen Entwicklung einer formalisierten, transparenteren, aber kälteren und industriellen Medizin verbunden.

(KATZENMEIER, 2009) Prinzipiell ist der Rechtsstaat auch für einen sehr privaten Bereich wie die Medizin und Pflege verbindlich. Eine Überformung des juristischen in einem sozialen und humanen Bereich wie der Medizin ist, wie auch die ökonomische Überformung, *Ausdruck einer ideellen und inhaltlichen Leere.* Sie ersetzt zunehmend menschliche Zuwendung und das Vertrauensverhältnis zwischen Patient und Arzt, so wie die Ökonomisierung die ärztliche Zuwendung zu einem Geschäft werden lässt.

Hauptargumente der aktuellen Entwicklung sind, *Transparenz und Rechtssicherheit des Patienten* als *Kunden* zu schaffen und ihm dadurch eine stärkere Position zu vermitteln. Prinzipiell richtig, aber in der Realität doch weitaus überschätzt. Zwischen dem Arzt als Experten und dem Patienten besteht immer eine Wissens- und Umsetzungsasymmetrie, die durch keine Rechtsprechung der Welt aufgehoben werden kann. In dem Moment, wo der Patient Hilfe einfordert, muss er dem Therapeuten vertrauen und dieser muss es rechtfertigen. Rechtsprechung und Normen können für gute Voraussetzungen für die Therapie sorgen (*qualifizierte Ausbildung des Arztes oder der Pflege, gute Ausstattung der Klinik, korrekter organisatorischer Rahmen ...*), sie können sie aber nicht substituieren oder gar die ärztlichen Handlungen vorschreiben.

Die gleichen Überlegungen gelten für die *Verrechtlichung als Methode der medizinischen Qualitätssicherung.* Die medizinische Qualität am Patienten wird vom Arzt und der Pflege erbracht sowie deren beruflicher und menschlicher Qualifikation. Sinnvoll sind Normen, um einen korrekten organisatorischen Rahmen zu schaffen und auch einen recht breiten Behandlungskorridor vorzugeben, die zunehmende und engmaschige

Vorschreibung ärztlichen Tuns, oft durch Gerichtsurteile, wirkt eher kontraproduktiv nach dem Motto: *Qualität ist, wenn keiner klagt.*

Aus einem individuellen Behandlungsvertrag Patient/Arzt, bei dem weitaus mehr das Vertrauen und auch die Verpflichtung zu aufrichtigem ärztlichen Handeln zählen, wird ein handelbares Gut, auf das man bei Nichterfolg Schadensersatzansprüche abstellen kann. Die Konsequenzen sind komplex und nicht nur unter ökonomischen und rechtlichen Gesichtspunkten ungünstig für die Gesellschaft. Der *gegenseitige Vertrauensverlust demotiviert Arzt wie Pfleger und verunsichert den Patienten.* Unter juristischen Gesichtspunkten werden aufwendigere, übertriebene (MASCRET, 2013) und durch ihre *Iatrogenität* nicht ungefährliche Diagnostik- und Therapieverfahren angewandt.

Die *Planung des Gesundheitswesens und dessen Organisation* hängen mit medikolegalen Aspekten zusammen und sind neben dem ökonomischen Aspekt das zweite Hauptargument, Medizin und Pflege zu konzentrieren.[16] Auch hier ist die eigentliche Idee, die Qualität und die Transparenz für den Patienten zu fördern, begrüßenswert, aber die organisatorischen Konsequenzen richten sich letztendlich gegen den Patienten. Mit der Konsequenz, dass der Patient einen sowohl organisatorischen wie auch geografisch erschwerten Zugang zu Pflege hat, diese dann aber *scheinbar* qualitativ hochwertig und unanfechtbar ist.[17]

---

[16] Und z. B. kleinere, *unsichere* und *unrentable* Krankenhäuser zu schließen, oft mit dem Argument des Organisationsverschuldens, da der Träger einer Gesundheitseinrichtung für Fehler haften kann.

[17] Ein gutes Beispiel ist hier Frankreich, das mit dieser Politik der *Political Correctness* die regionale Versorgung seiner Bevölkerung ausdünnt und letztlich den Zugang zu Pflege reduziert.

Gewinner sind Rechtsanwälte und Organisatoren des Gesundheitswesens, die ihre Macht gestärkt sehen und die im Rahmen der Ökonomisierung aller Lebensprozesse letztlich auch daraus wieder ein neues lukratives Geschäftsfeld machen können.

Unter dem Strich sind Arzt, Gesundheitsberufe mit direktem Kontakt zum Patienten und der Patient selbst die Verlierer dieser Entwicklung. Es ist ein Pyrrhussieg für die Gesellschaft, denn die finanziellen und humanen Folgen müssen der Patient und die Bevölkerung mehrfach tragen; finanziell durch die Kosten, die letztendlich auf die Gesellschaft umgelegt werden, und die veränderten und verteuerten Rahmenbedingungen:

- eine Konzentrierung und Bürokratisierung der Pflege, letztlich also einen erschwerten Zugang und eine Verknappung,
- verstärkt indirekt durch das Verhalten der Ärzte und Gesundheitsberufe, die Risikobereiche meiden, insbesondere mit hohen Versicherungsprämien (wie die Geburtshilfe) und damit zusätzlich den Zugang zu Medizin und Pflege verknappen,
- eine defensive und überdurchschnittlich invasive und teure Medizin und Diagnostik, die aus Angst vor Regressforderungen angewendet wird und den Arzt vermeintlich schützt, den Patienten aber belasten kann,
- die Ausformung einer Mehrklassenmedizin, da sich die leistungsfähigen Ärzte den Mehraufwand und das Mehr an Risiko von ebenso zahlungskräftigen Patienten vergüten lassen
- und eine veränderte Arzt-Patienten-Beziehung, die weniger auf dem Grundsatz des gegenseitigen Vertrauens,

sondern des gegenseitigen *Belauerns* beruht und damit im Grunde beide Partner zu Verlieren macht.

Eine wahrhaftige Selbstbestimmung und Mündigkeit des Patienten sieht anders aus.

---

10. These:

Die Verrechtlichung unseres Lebens ist zum Teil ein Substitut der intellektuellen und normativen Verflachung, und vor allem ein Ersatz für Defizite in der fundamentalen Demokratie. Dinge, die besser durch eine gerechte Organisation der Gesellschaft, also auch der Gesundheit, gelöst werden.

Change – vom Kopf auf die Füße

a. Wo könnte die Reise hingehen?

Ziel dieser Analyse ist keinesfalls eine unverbindliche Kritik und belanglose Aneinanderreihung von Schwachpunkten. Vielmehr soll es ein Manifest sein, die Gesundheitsversorgung neu zu orientieren. Der Schlüsselgedanke, *Gesundheit zu organisieren* statt *Krankheit zu bewirtschaften* erfordert einen elementaren Mentalitätswechsel bei den Menschen, Meinungsträgern, Medien und der Medizin selbst, und dann eine konkrete Neuorganisation der Gesundheitsversorgung auf verschiedenen Ebenen.

Die aktuelle Krankheitswirtschaft muss die *Falle der Finanzindustrie* vermeiden, die nicht zu Unrecht den Menschen den Eindruck vermittelt, sie habe sich von den Bedürfnissen der Bevölkerung losgelöst und führe scheinbar ein Eigenleben, welches im Wesentlichen darin besteht, diese Industrie prosperieren zu lassen und einer ausgewählten Zahl von Protagonisten unanständig hohe Einkommen bzw. *Boni* zu ermöglichen. Mit der negative Konsequenz, dass die *ehrlichen Banker* doppelt bestraft werden, als marginalisierte *Loser* in den eigenen Reihen, und gleichzeitig durch die Scheidung der Bevölkerung mit dem Finanzsektor, wobei sie mit den unehrlichen Elementen in einen Topf geworfen werden. (FORRESTER, 1996) (ARTUR DU PLESSIS, 2011)

Die Grundpfeiler einer Neuorganisation der Gesundheitsversorgung sollten die Fehler der kritischen Analyse aufgreifen.

- Die *Gesundheitsversorgung muss jedem Menschen gleichermaßen zugänglich sein und bleiben*, da sonst die

Sprengkraft für eine demokratische Gemeinschaft zu groß wird. Dieses spricht für eine solidarisch finanzierte Bürgerversicherung (s.u.).

- Sie muss sich eng an den *Bedürfnissen der Bürger und Patienten ausrichten* und nicht denen der verschiedensten Leistungserbringer. Daher muss *die Behandlung seiner Erkrankung folgen* und nicht *seine Erkrankung historisch gewachsenen Zuständen* ohne klare innere Logik.[18]

- Die *Ökonomisierung der Medizin und Pflege* muss zurückgefahren werden in Ihrem Machtanspruch und auf den sorgsamen Umgang mit Ressourcen und die positiven Eigenschaften eines guten Kaufmanns zurückgeführt werden.

- Die Medizin und Pflege muss aus der *Fortschrittsfalle* ausbrechen, bei der stets neue Methoden vorgeschlagen und auch angewandt werden, wohl wissend, dass sie meist nicht allen Menschen zur Verfügung stehen.

Ziel muss eine **logische Neuausrichtung der Gesundheitsversorgung** sein, deren Kernelement eine konsequente lebenslange Präventionspolitik ist, begleitet von einer industrieunabhängigen Forschung im Bereich des *Public Health.* (SCHAUDER, et al., 2006) Dieses wird begleitet von einer *integrierten regionalen Versorgung* der Menschen, die über die enge Verzahnung der ambulanten und stationären Pflege, der

---

[18] Beispiele sind die zu starken Gegensätze zwischen Medizin und Pflege, ambulanter und stationärer Versorgung oder verschiedenen Versicherungssystemen.

Akut- und der Altersmedizin eine logische und nahtlose Versorgung von über 90 Prozent der Menschen bietet – gerade für Deutschland eine enorme organisatorische Herausforderung.

Spitzenmedizin sollte sich aber auf ihre Stärken, die Behandlung hochkomplexer und seltener Krankheiten beschränken, bleibt aber selbstverständlich jedermann zugänglich. Hier muss über ein neues und tragfähiges Finanzierungskonzept nachgedacht werden. *Medizinische Lehre und Forschung* sollten sich stärker befreien von der wirtschaftlichen Umklammerung und Abhängigkeit der Industrie und mit dieser neu gewonnenen Freiheit sich Themen der integrierten Prävention und Versorgung von Volkskrankheiten zuwenden.

Da jede Veränderung auf Widerstände stößt, oft auch daran scheitert, ist es wichtig, die entscheidenden Bremser und Gegenspieler zu identifizieren, gerade bei großen Themen wie der Gesundheitspolitik, bei denen jahrzehntelang gewachsene Partikularinteressen auf neue Ideen prallen (Tabelle 3).

Fazit: Eine nüchterne Einschätzung der Situation zeigt durchaus stark widersprüchliche Haltungen der relevanten gesellschaftlichen Gruppen, aber das aktuelle System wird letztlich nur durch eine Minderheit verteidigt. Entscheidend wird die Haltung der Politiker sein, die sich gegenüber dem Wähler positionieren müssen, diesen aber bislang, wahrscheinlich zu Unrecht, fürchten.

Wer	Kontra Veränderung ☹	Pro Veränderung ☺
Finanzierer und Krankenkassen Krankenhausträger, private Kliniken und Klinikketten, öffentliche Hand (Infrastrukturen), Krankenkassen	private Krankenkassen, private Klinikketten, sofern nicht in Netzwerk eingebunden	große gesetzliche Krankenkassen und überregionale Krankenhausträger, freie, gemeinnützige Einrichtungen, Regionen und Bundesländer
Gesundheitsmanager und Beratungsindustrie	Können mit beiden Lösungen leben	
Wissenschaft Forschung und Lehre, private Forschungsinstitute, industrieabhängige Forschung, Begleitforschung zu verwandten Themen	industrieabhängige Forschung?	universitäre Forschung und Lehre *(bei gesicherter Finanzierung),* Versorgungsforschung
Industrie pharmazeutische Industrie, Industrie im Bereich Medizintechnik und Material, Agroalimentarindustrie	etablierte Pharma- und Medizintechnikindustrie, Agroalimentarindustrie	Chance für moderne technikgetriebene Firmen und IT-Dienstleister

Arbeitgeberverbände als Mitfinanzierer des Gesundheitssystems	prinzipiell neutral, aber wahrscheinlich an höherer Effizienz und besserer regionaler Versorgung interessiert	
Politik Regionalpolitiker, Landes und Bundespolitiker, Europapolitiker	abgesehen von Lobbyisten des medizinisch-pharmazeutisch-technologischen Komplexes eher für Veränderung, aber Angst vor dem Wähler. *Gesundheitsthema = drohender politischer Selbstmord*	
Gesellschaftliche Gruppen Kirchen, Gewerkschaften, Sozialverbände …		tendenziell für Veränderung durch sozial ausgeglichenes Gesundheitssystem
Bevölkerung alle, Wähler, aktuelle oder potenzielle Patienten	tendenziell eher für logischen Aufbau des Gesundheitssystems, regionale Versorgung und mehr Mitspracherecht, aber Verzicht auf alte Gewohnheiten?!	
Ärzte und Gesundheitsberufe ambulant tätige Ärzte, Krankenhausärzte, Ärzteverbände	Profiteure des derzeitigen Systems: leitende Ärzte, Funktionäre, Spezialisten in profitablen Fachgebieten	viele niedergelassene, freiberufliche Ärzte, Krankenhausärzte unterhalb des CA, junge Ärztegeneration

Tabelle 3: Übersicht über mögliche Widerstände und Unterstützung für grundlegende Veränderungen im Gesundheitssystem.

b. Rolle der Wissenschaft und des medizinischen Mainstreams

Forschung und Lehre sind etwas Universelles und Regulierbares, erneuern sich daher mit jeder Generation und werfen neue Fragestellungen auf. Daher ist ein Mentalitätswechsel möglich und auch wahrscheinlich bei einer anderen Generation von Forschern, jüngeren Akademikern oder auch aus anderen Regionen der Welt. Zunächst gilt es die Problematik *Fortschrittsfalle Medizin* (SPIELBERG, 2010) aufzulösen, die den Spagat zwischen dem technisch Machbaren und dem demokratisch und ökonomisch zu Verteilenden in der Medizin beschreibt.

Wichtig ist dabei, den Bereich der Versorgungsforschung und -lehre und *Public Health* aus seiner wissenschaftlichen *Schmuddelecke* zu führen und als wichtige Disziplin aufzuwerten. Dieses sollte von einer verstärkten Forschung von Umwelteinwirkungen und im Bereich Umweltmedizin, industrieunabhängig und durch öffentliche Mittel begleitet werden, denn es wird in Zukunft nicht darauf ankommen, eine Innovation oder eine neue Behandlung einzuführen, sondern auch den Beweis zu erbringen, dass:

- diese Behandlung klinisch evident aufgrund anspruchsvoller wissenschaftlicher und statistischer Daten ist (IOANNIDES JPA, 2005),
- sie keinerlei unkalkulierbare Folgeerscheinungen hat, auch nicht im Langfristbereich,
- sie nicht zu einem Verdrängungswettbewerb mit bewährten, aber günstigeren Methoden führt
- und dadurch bei begrenzten finanziellen und anderen Ressourcen den Spielraum des Gesundheitssystems weiter einengt.

- Diese Ergebnisse sollen jedem Bürger zugänglich gemacht werden; wenn nicht, dann werden Kriterien zur Priorisierung erforscht. (FUCHS) (RASPE & SCHULZE) (CABUT, 2013)

Daraus muss eine erneuerte Wissenschaft eine unabhängige Lehre und Aus- und Weiterbildung organisieren und in einer komplexen Welt noch viel stärker Interdisziplinarität und den Kontakt mit anderen Wissenschaften pflegen, gerade auch den Sozial- und Geisteswissenschaften. Querdenken und fachübergreifendes Denken müssen erwünscht sein.

Die Mission der Universitätsmedizin muss neu und klar definiert werden: Spitzenmedizin bei komplexen und seltenen Krankheitsbildern zu liefern, möglichst sogar Sub-Spezialisierung in einem nationalen oder europäischen Verbund einerseits, Sicherstellung der Lehre andererseits.

Dieses erfordert die Reflexion über ein anderes Finanzierungskonzept, welches diese Institutionen doppelt unabhängiger macht: einmal von dem *medizinisch-technisch-pharmakologischen Komplex* als Geldgeber für Forschungsprojekte, aber auch unabhängiger von einer Routineaktivität als Geldbeschaffer – und somit eine sinnlose Konkurrenz zu regional aufgestellten Institutionen vermeidet.

c. Nachhaltigkeit, Subsidiarität und Suffizienz in der Medizin

Der entscheidende Mentalitätswechsel spielt sich bei den Menschen analog zu anderen Bereichen der Gesellschaft wie der Finanzindustrie, der Ernährung und Landwirtschaft oder der Umwelt ab – mit den drei eingangs genannten Säulen:

- **Nachhaltigkeit**[19]**,** ergänzt durch die inter- und intragenerationelle Gerechtigkeit
- **Subsidiarität** als Entfaltung der individuellen Fähigkeiten, Selbstbestimmung und Eigenverantwortung
- **Suffizienz** als der schonende Umgang mit Ressourcen, Finanzmitteln, Menschen, Energie, Arbeitszeit und Transportwegen

Bislang sind allerdings diese Begriffe im Rahmen der Medizin und Pflege eher Außenseiterbegriffe, da derzeit noch die Wachstums- und Konkurrenzideologie nahezu unangefochten herrscht; es gibt kaum eine wissenschaftliche oder intellektuelle Auseinandersetzung (CALLAHAN, 2004) in der Medizin mit diesen Begriffen.

Was könnten nun diese drei Themen für ein *neues* Gesundheitssystem bedeuten:

---

[19] *Nachhaltigkeit beschreibt die Nutzung eines regenerierbaren Systems in einer Weise, dass dieses System in seinen wesentlichen Eigenschaften erhalten bleibt und sein Bestand auf natürliche Weise regeneriert werden kann.* (Schlussbericht der Enquetekommission des Deutschen Bundestages – Globalisierung der Weltwirtschaft — Herausforderungen und Antworten, Drucksache 14/9200, 12. Juni 2002)

Nachhaltigkeit

Diesen Themenkomplex könnte man in der Gesundheitsversorgung in drei Bereiche aufteilen:

a) Finanzielle Nachhaltigkeit

Die Finanzierung eines Gesundheitssystems ist eine grundlegende Dienstleistung einer entwickelten Demokratie an seine Bürger. Es sollte weder eine sinnlose und kontraproduktive Konkurrenz der Anbieter (BINSWANGER, 2010) noch eine selektive finanzielle Beteiligung bestimmter Gesellschaftsgruppen bestehen. Und es sollte ein Gegenentwurf zu der vorher hier kritisierten *Ökonomisierung der Medizin und Pflege* geschaffen werden. Letztere verbraucht, ähnlich einer Krebserkrankung, die gesellschaftlichen Mittel einer rein merkantilen wirtschaftlichen Logik folgend so lange diese verfügbar sind, ohne Rücksicht auf die gesamtgesellschaftliche Relevanz und meist ohne sich auf der Grundlage einer offenen gesellschaftlichen Diskussion zu legitimieren. Umgekehrt können die Reorganisation des Systems und die Einführung des Nachhaltigkeits- und Suffizienz-Gedankens enorme finanzielle Leistungsreserven freisetzen. Dabei steht im Zentrum das später detailliert beschriebene Konzept der integrierten Gesundheitsversorgung, mit einem Bottum-up-Ansatz, also häusliche und ambulante Versorgung vor stationärer Versorgung. Dieses macht es sozialpolitisch und wirtschaftlich sinnvoll, die Effizienz und Finanzierbarkeit des Systems zu verbessern und gleichzeitig neue Anreize zu schaffen, den Menschen vor Ort zu betreuen, durch:

- die Zusammenlegung der Kranken- mit der Pflegeversicherung

- und die Zusammenlegung der Sozial- und Gesundheitsdienste

Unter den unzähligen Varianten, ein Gesundheitssystem zu finanzieren (BACKMAN, et al.) (MATZ), kristallisieren sich zwei Grundmodelle heraus:

- Eine *solidarisch finanzierte Grundversorgung von Krankheit und Pflege*, die der finanziellen Leistungsfähigkeit jedes Bürgers Rechnung trägt. Dabei ist es von sekundärer Bedeutung, ob dieses steuerfinanziert oder über eine solidarische Sozialversicherung erfolgt. Diskussionspunkt bleibt lediglich, welche Einkommensarten zu dieser solidarischen Versicherung herangezogen werden – Einkommen aus Arbeit und/oder auch Gewinne aus Kapital. Dieses findet ihr politisches Äquivalent in einer *Bürgerversicherung*.
- Eine *risikoorientierte Kaskoversicherung*, die das individuelle Risiko des Patienten bewertet und unabhängig von seinem Einkommen die Prämien berechnet. Dieses findet sein politisches Äquivalent in der *privaten Krankenversicherung* und im Grunde auch der freien Finanzierung oder meist Nichtfinanzierung von Krankheit durch den Patienten in vielen Ländern, u.a. den USA.

Unter dem Begriff der finanziellen Nachhaltigkeit könnte man daher die generationenübergreifende Finanzierbarkeit durch eine breite und von allen Schultern getragene *Bürgerversicherung* und den sorgsamen Umgang mit den Finanzmitteln verstehen. Dabei ist von entscheidender Bedeutung, dass deren Konstruktion klaren sozial- und gesellschaftspolitischen Regeln folgt:

- Berücksichtigung aller Einkommensarten, allerdings nach einem nach oben gedeckelten Modell, und Modifizieren des derzeit in der deutschen gesetzlichen Krankenkasse (GKV) üblichen Sachleistungsprinzips, hin zu einer stärkeren Transparenz und Einbindung des Patienten. Denkbar ist ein gestaffeltes Rückerstattungsprinzip[20], wie in einigen europäischen Ländern schon lange üblich, um den Patienten stärker in das Leistungsgeschehen und die Kosten einzubeziehen.
- Wenngleich solidarisch finanziert, favorisieren neueste Untersuchungen in Europa[21] die bismarckschen Versicherungssysteme gegenüber der reinen Steuerfinanzierung unter dem Motto: *Bismarck beats Beverigde* (BJÖRNBERG, 2013), da effizienter und frei von politischer Manipulation. (MATZ, 2010)
- Aufhebung verschiedener, historisch gewachsener *Töpfe* wie ambulante Versorgung und Krankenhausfinanzierung, da dadurch die gewachsene Inflexibilität noch verstärkt wird und Neureflexion der Finanzierung von Infrastrukturen im Gesundheitswesen, bislang in Deutschland Sache der föderalen Bundesländer, während in anderen Ländern eine monistische Finanzierung[22] herrscht.

---

[20] Das Sachleistungsprinzip bedeutet die Bereitstellung von Pflege und Therapie durch die Krankenkasse, ohne dass der Patient direkt interveniert oder die Kosten sieht. Beim Rückerstattungsprinzip erstattet er gewisse Leistungen zunächst und erhält von der Krankenkasse eine Rückerstattung.

[21] *Health Consumer Powerhouse*: Euro Health Consumer Report 2013, Arne Björnberg, PhD

[22] Monistische Finanzierung bedeutet, dass die Sozialversicherungsträger sowohl die Infrastrukturen wie die erbrachten Leistungen finanzieren.

Hierbei sollte prinzipiell zwischen der regionalen, vernetzten und flächendeckenden Gesundheitsversorgung einerseits (siehe unten) und der Spitzenversorgung in Universitätskliniken und Spitzeninstitutionen differenziert werden.

Es gibt neben den positiven Argumenten für diese Bürgerversicherung zwei Gegenargumente, die man kennen und deren Effekte man gezielt neutralisieren muss:

- Die Bürgerversicherung würde *zu sehr mächtigen und quasi-monopolistischen gesetzlichen Krankenkassen* führen, deren Management und Verwaltungsrat einer strikten demokratischen und transparenten Kontrolle unterworfen werden müssten. Es wäre zudem anzustreben, dass es weiterhin eine *überschaubare Konkurrenz* zwischen gesetzlichen Krankenkassen gibt. Die Kontrollgremien müssen streng demokratisch organisiert werden und sowohl Leistungsanbieter wie Patientenvertreter einbinden.
- Das Problem des *Moral Hazard,* also der moralischen Versuchung, die solidarische Versicherung zu eigennützigen Zwecken auszunutzen. (MANNING & MARQUIS) (DAVE & KAESTNER)

Moral Hazard ist weniger ein finanzielles als ein gesellschaftliches Problem, das aber konsequent durch verschiedene Mechanismen eingegrenzt werden kann, wie eine positive Gesundheitspädagogik und -erziehung (DAVE & KAESTNER, 2009), den logischen, nicht-redundanten Aufbau des Gesundheitswesens und das Anbieten von Leistungen, die sich auf objektiv wissenschaftlich gesicherte Maßnahmen beschränken.

Gerade das Leistungsangebot darf weder ein Wunschprogramm Einzelner sein noch unter medikolegalem Druck (CABUT & HECKETSWEILER, 2013) entstandene Alibi-Maßnahmen umfassen. Das Portfolio der Solidarversicherung muss gesellschaftlich abgestimmt werden in notwendige und medizinisch wie sozial sinnvolle Maßnahmen, bis hin zu einer Rationierungs- (JACHERTZ & RIESER, 2007) (MACK, 2001) oder Priorisierungs-Debatte (FUCHS, 2011) sehr teurer und komplexer Maßnahmen.

Es muss aber ebenfalls durch die intelligente Konstruktion der Gesundheitsversorgung eine bessere Trennung und adäquate Finanzierung der vorher genannten vier Behandlungsräume (Akut, chronisch-rehabilitativ, ambulant, Privatmedizin) erfolgen, denn die *systemische* Versuchung ist groß, hier das großzügigere Abrechnungsmodell zu wählen.

b) Bauliche und technische Nachhaltigkeit

Dieser Begriff umschreibt die hohen Anforderungen an Gebäude und Infrastrukturen im Gesundheitssektor, die regenerierbar sind, wenig Energie verbrauchen, nur gering die Umwelt belasten sowie über Generationen nutzbar sein sollten. Dabei zeigt diese Analyse Lösungsansätze, die nicht rückwärtsgewandt sind, sondern auf moderne und innovative Partnerschaft baut, sodass hier nur eine interdisziplinäre und kreative Zusammenarbeit zwischen vorausschauenden Architekten, Ingenieuren, Ärzten, Pflegern und Gesundheitsmanagern Erfolg versprechend sein kann, denn zwei entscheidende Faktoren sind unabdingbar, um ein Konzept der nachhaltigen und regionalen Gesundheitsversorgung umzusetzen:

- eine innovative Architektur und

- eine leistungsfähige IT und innovative Kommunikationsstruktur und Technisierung des Alltags.

Ein erster Ansatz des Nachhaltigkeitsgedankens ist die *Demokratisierung und Professionalisierung der Architektur* von *normalen* und versorgungsnahen Gebäuden (betreutes Wohnen, Alters- und Pflegeheime …). Angesichts der Entwicklung chronischer und Alters-Erkrankungen wollen und sollen die Menschen zu Hause bzw. in ihrem Umfeld bleiben. Damit sollte jedes Gebäude potenziell als Pflegeeinrichtung funktionieren können, durch seine Konzeption und behindertengerechte Einrichtung. Hinzu kommt, dass die technische Entwicklung, Vernetzung und Miniaturisierung, aber auch die ambulante Pflege es ermöglichen, komplexe medizinische Leistungen zu Hause anzubieten *(Telemetrie, Heimbeatmung, kardiale Assistenz-Systeme, Palliativmedizin, Wundversorgung ...)*

Der zweite Aspekt ist der Gedanke des *modularen Aufbaus* moderner *Gesundheitsimmobilien*, nach ihrer Aufgabe im Versorgungsnetzwerk und ihrem Ressourcenverbrauch. Jede Einheit sollte idealerweise über eine eigene Architektur, Prozessplanung und Kostenrechnung verfügen. Die Anforderungen daran sind hoch und setzen eine vorausschauende interdisziplinäre Planung und Bauweise voraus, die die Funktionalitäten über Generationen erhält.

Ein weiterer Gedanke betrifft das *Greenhospital* bzw. die *Green-Health-Institution*, die die ökologischen Kriterien der Nachhaltigkeit respektiert, in puncto Energieverbrauch, Generierung von Transportwegen, Nutzung öffentlicher Transporte und Arbeitsorganisation. (HIBBELER & KRÜGER-BRAND, 2013 (Jg 110, Heft 41)) Der Gedanke der regionalen und wohnortnahen Versorgung trägt hier durch die *Vermeidung oder Verminderung von Transportwegen*, der *Arbeits- und Logistikorganisation* und dem Aufbau einer leistungsfähigen IT und Kommunikationsstruktur dazu bei.

Der *modulare Aufbau* unter dem Aspekt der Nachhaltigkeit und der Suffizienz würde für ein Akutkrankenhaus alter Schule eine komplette Metamorphose bedeuten, bei dem seine Einzelkomponenten nach Funktion und Ressourcenverbrauch geplant werden. Dieses könnte dann für einen Regionalversorger beispielhaft so aussehen:

- eine *zentrale Notfallaufnahme* und eventuell regionale Notfallaufnahme-Satelliten,
- ein *kompaktes Akutkrankenhaus* mit OP-Zentrum, Intensivmedizin und Akutbetten für die akute Nachsorge,
- ein *ambulantes Operations- und Diagnostikzentrum*, in der Regel in räumlicher Nähe zum Akutkrankenhaus, um Infrastrukturen (OP, Radiologie, Labor …) gemeinsam zu nutzen,
- ein *Zentrum für postakute und Rehabilitations-Medizin*, denkbar mit palliativmedizinischer und umweltmedizinischer Abteilung und idealerweise in räumlicher Anbindung an das Akutkrankenhaus,
- ein *Zentrum für Akutgeriatrie und geriatrische Nachsorge* über Fachambulanzen und eventuell vernetze ambulante Pflege und,
- abhängig von der Geografie der Versorgungsregion, Aus- oder Aufbau von *medizinischen-pflegerischen Versorgungszentren*, die als Satellitenstruktur zum zentralen Krankenhaus funktionieren und abhängig vom medizini-

schen Portfolio sowohl eine angemessene Notfallversorgung wie auch eine fach- und allgemeinärztliche Versorgung anbieten.

So wie auch in der Architektur muss die IT und Kommunikationstechnik die Fehler der Vergangenheit vermeiden, dass sich der Nutzer und Patient an Technik und das System anzupassen hat. Sie bieten die Chance, auch dank der den neuen Kommunikationsmedien wie z. B. Smartphone (FREOUR, 2013), die Versorgung dezentral, Ressourcen sparend und ambulant zu verbessern – mit drei großen Perspektiven:

- die Informationsvermittelung zu verbessern, ohne die soziale Kompetenz und menschliche Zuwendung aufzugeben,
- die Möglichkeit, medizinische und pflegerische Probleme ambulant zu lösen und damit sowohl unnötige Krankenhausaufenthalte zu vermeiden wie auch dem Patienten eine verstärkte Autonomie und Freiheit zu geben,
- die Qualität der medizinischen Pflege mit geeigneten Hilfsmitteln der Telemedizin und der Robotisierung zu verbessern. (FREOUR, 2013) (GABIZON, 2012)[23]

Eine tiefer gehende Analyse der Anforderungen an IT und Kommunikationstechnik im *Gesundheitsnetzwerk* sprengt diesen Rahmen, aber die wesentlichen Aufgaben wären:

---

[23] Angesichts einer gewissen *Goldgräberstimmung* dieser rasanten Entwicklung ist natürlich auf die Qualität und Zuverlässigkeit zu achten, aber es gibt keinen Zweifel, dass sich daraus ernsthafte, transportable und für den Alltagsgebrauch geeignete Methoden entwickeln, wie z. B. die Steuerung und Kontrolle der Medikamenteneinnahme, EKG-Analyse per Smartphone, Analyse des Schlafes und des Essverhaltens und des Stoffwechsels …

- die Verfügbarkeit administrativer und sensibler medizinischer Daten über einen gesicherten Zugang, der dem Patienten die Hoheit über seine Daten gibt und Zugang zur digitalisierten Patientenakte mit Zugriff auf technischen Zusatzuntersuchungen (Bildgebung, Labor, Fotos etc.), nach definierten und hierarchisierten Zugangsrechten der *Gesundheitsdienstleister,* erlaubt,
- eine offene Kommunikationsstruktur zwischen den Berufsgruppen und den Standorten, sodass nicht-sensible Information jedem zugänglich werden, als Informationsmanagement,
- ergänzt durch leistungsstarke Analysetools, die sowohl in Hinblick auf Ressourcenverbrauch (Personal, Material, Zeit, Energie, Kosten ...) wie auch die Qualität Transparenz erlauben und Korrekturen sowie Feinanpassung ermöglichen. Dieses wäre gerade im Rahmen einer solidarischen Bürgerversicherung auch ein Instrument, den Bürger und Patienten einzubeziehen und Verantwortung mittragen lassen.

c) Organisatorische Nachhaltigkeit

Der Schlüsselgedanke, *Gesundheit zu organisieren* statt *Krankheit zu bewirtschaften*, bedeutet vor allem, die Medizin viel stärker auf die Organisation und Beforschung der Basisversorgung, der Prävention, chronischer Erkrankungen und Alterserkrankungen auszurichten.

Auf der Makroebene muss die *Akutmedizin* flächendeckend verfügbar sein, auch mit einer leistungsfähigen Notfallversorgung, soll aber nicht zwangsläufig die Regeln der Akut- und Intensivmedizin unkritisch auf chronische und Alterserkrankungen anwenden. Nachhaltigkeit bedeutet hier, den logischen Aufbau der Gesundheitsversorgung – zu Hause behandeln hat oberste Priorität, ambulant vor stationär, wohnortnah vor wohnortfern, ausgehend vom Patienten und seinem Umfeld – und die Planung von Synergien und vernetzten Strukturen der regionalen Versorgung in einem Behandlungsraum.

Auf der Ebene der Arbeit am Patienten kommen wir zu einem neuen Verständnis des Umgangs mit Ressourcen in einer Organisationsstruktur. Während wir uns bislang immer auf die Geräte und Apparate konzentriert haben, sollte unser Fokus zunehmend auf die *Humanressourcen*, also die Menschen, Mitarbeiter, den Patienten rücken.

Wir kommen aus einer Zeit, wo die Arbeitskraft eines Pflegers oder eines Arztes zwar qualitativ höchsten Ansprüchen genügen sollte, aber ihre physische und psychische Belastbarkeit de facto als unendlich angesehen wurde. Ältere Mitarbeiter, die dem Tempo nicht mehr folgen konnten oder aus ihrer eigenen langjährigen Tätigkeit gewissen Tendenzen kritisch gegenüberstanden, wurden marginalisiert oder *gemobbt*. Auf dieser Basis muss der Fokus einer *organisatorischen* Nachhaltigkeit darauf basieren, das *Wissen und die Organisationsweisheit zu bewahren* durch langfristige Bindung der Mitarbeiter, adäquate Fort- und Weiterbildung und die Schaffung einer Bibliothek von Wissen und Abläufen für die jeweilige Abteilung. Dieses geschieht durch positive Botschaften, wie Respekt, Gehör bei Vorschlägen oder Diskussionen, flacher Hierarchie und Eingehen auf die Bedürfnisse des Einzelnen, in Abstimmung mit den Bedürfnissen des Teams und der Abteilung.

Auf der Ebene des Patienten und dessen Behandlung geht es darum, den Patienten in einen Zustand zu versetzen, sein Leben selbst und autonom zu gestalten, darüber zu entscheiden und diese Lebensqualität zu genießen. Dieses setzt neben einem intensiven Dialog mit dem Patienten und seinen Angehörigen auch gegenseitiges Vertrauen voraus.

Subsidiarität
Dieser Begriff steht für den Grundgedanken, zwei Trends bei den Menschen und in der Organisation zu stärken:

- die *Selbstverantwortung und die Selbstinitiative*, bei den Menschen selbst, den Gesundheitsdienstleistern und den politisch-organisatorisch Verantwortlichen,
- das Gesundheitssystem *Bottom-up*, von der Basis aus, von innen nach außen, von der Region aus aufzubauen und zu steuern und nur Dinge, die vor Ort nicht geleistet werden können, an übergeordnete und überregionale Dienste abzugeben.

Damit soll vor allem der aktuelle Trend umgekehrt werden, Verantwortung und Ressourcen an übergeordnete Instanzen und bürokratische Entitäten abzugeben, mit dem Argument der Qualitätssicherung, des ökonomischen Vorteils und natürlich der medikolegalen Argumentation.

Die damit erwirkte Initiativlosigkeit und geradezu Apathie der Gesundheitsdienstleister vor Ort muss reaktiviert werden, in Form einer gewünschten Übernahme von Verantwortung und Selbstverantwortung. Diese Bewegung muss alle Akteure in einer Region einschließen und versuchen sowohl Gesundheitsdienstleister wie auch Organisatoren der Gesundheit (Klinikmanagement, regionale Krankenkassen, niedergelassene Ärzte und Gesundheitsberufe, Pflegeinstitutionen und ambulante Dienste …) vor Ort zu diesem Ansatz der Selbstorganisation zu bringen. Das schließt implizit ein, dass der jahrzehntelange aktive *Konkurrenzgedanke* in der Gesundheitsversorgung einer Region zurückgedrängt wird. Ausgehend von *sinnlosen Wettbewerben* (BINSWANGER, 2010) sind hier nicht nur lange Zeit Ressourcen kontraproduktiv verschleudert worden, sondern das Konkurrenzdenken hat auch sinnvolle Synergien und gemeinsame Ansätze bei der Patientenversorgung einer Region erschwert bis unmöglich gemacht.

- ambulant versus stationäre Versorgung
- Versicherungssysteme: solidarisch versus privat/risikoorientiert
- Barrieren zwischen den Berufsgruppen, insbesondere Medizin versus Pflege
- wissenschaftlich orientierte Spitzenmedizin versus Grundversorgung

Hierzu gehört auch die Demokratisierung von *normalen* und versorgungsnahen Gebäuden (betreutes Wohnen, Alters- und Pflegeheime), um die Menschen in die Lage zu versetzen zu Hause bzw. in ihrem Umfeld zu bleiben.

Suffizienz

Der schonende Umgang mit Ressourcen ist in vielen Punkten redundant mit dem oben Gesagten zum Thema Nachhaltigkeit und Subsidiarität. Zudem handelt es sich um ein universelles philosophisches und politisches Thema, das eng an die Selbstbestimmung, die Freiheit des Menschen und an die Befreiung von ungesunden Anhängigkeiten geknüpft ist. (ILLICH, 1995) (AANDERUD, 2011) (FROMM, 1976)

Dennoch ist es wichtig, im Bereich der Gesundheitspolitik und -planung, diesen Begriff explizit zu benennen. Denn rasch werden über die Begriffe *Rationierung, Mehr-Klassen-Medizin* und *Verweigerung von notwendigen Maßnahmen* Schlagwörter mit hoher medialer und politischer Sprengkraft in den öffentlichen Raum geworfen.

Es handelt sich im Grunde um eine *neue und solidarische Bescheidenheit* aller, die gesamtgesellschaftlich gefordert ist, wie im Finanzsektor, der Steuerpolitik, der Umweltpolitik – und nun auch in Medizin und Pflege. Es handelt sich nicht darum, Forschung und Weiterentwicklung in der Medizin zu behindern, sondern aus der Fortschrittsfalle auszubrechen und gleichzeitig jeden Akteur, angefangen bei Ärzten und Pflegern, über Gesundheitsmanager und Politiker, bis hin zum Patienten dazu zu motivieren, über das eigene Verhalten und die jeweiligen Ansprüche Rechenschaft abzulegen. Dieses soll aber nicht nur unter einem *buchhalterischen* Aspekt der Ressourceneinsparung erfolgen, sondern gerade auch unter dem Gesichtspunkt, ob eine Reihe Maßnahmen wissenschaftlich, menschlich oder ethisch sinnvoll und erwünscht sind – und ob das erwünschte Ergebnis überhaupt mit höherem materiellen und menschlichen Einsatz erreicht werden kann. Hier wird sich rasch herausstellen, dass durch eine ganze Reihe von ungesunden Entwicklungen ein enormer Bereich von Medizin und Pflege, analog zu einer *Finanzblase*, überzogen, überteuert, zu riskant und invasiv, ineffizient und oft ohne die aktive Mitarbeit des Patienten schlichtweg sinnlos ist. Damit aber diese Bescheidenheit akzeptiert und sinnvoll wird, müssen *parallel Angebote an die Menschen in der Gesundheitsversorgung* erfolgen, die zwar weniger *Ressourcen* verbrauchen und damit bescheidener sind, aber im menschlichen und sozialen Bereich ihre Akzeptanz finden. Diese Alternativen sind zum Beispiel vor allem in der psychologischen, seelischen und sozialen Betreuung zu sehen, und in der vernetzten Versorgung, die es erlaubt, die Menschen zu Hause bzw. in ihrem ambulanten Umfeld zu halten.

Ein weiteres Thema, welches sowohl Subsidiarität wie auch Suffizienz betrifft, beinhaltet Strategien, Erkrankungen auch alternativ zu betreuen. Hierbei geht es in erster Linie um chronische Erkrankungen und Befindlichkeitsstörungen, deren schulmedizinische und invasive Diagnostik und Therapie entweder nicht sinnvoll und ineffizient sind oder keinen oder einen nicht ausreichenden Effekt zeigen.

Dabei sind zwei Suffizienz-Ausrichtungen denkbar:

- Das Substitut der Schulmedizin durch weiche, nebenwirkungsarme Alternativmethoden wie z. B. Entspannungstechniken (Yoga, Tai-Chi, Hypnose …), Naturheilverfahren oder Suggestivmethoden
- Das Substitut des Arztes *in personam* durch andere Heil- und Pflegeberufe und *Heilkundige.*

Diese Art von Störungen werden derzeit oft von der Schulmedizin überdiagnostiziert und -therapiert, deren Langzeitbehandlung ist oft zu invasiv und mit zu vielen iatrogenen Nebenwirkungen behaftet, sodass die genannten Alternativmethoden oft einen sinnvollen Platz einnehmen können.

Auf der Makroebene der Suffizienz muss sich ebenso bei der Planung der Gesundheitsversorgung diese *neue Bescheidenheit* durchsetzen, die bei Bauvorhaben und der Organisation von Gesundheitseinrichtungen, vor allem Krankenhäusern, eine Kehrtwendung macht: weg von einer gigantomanischen Architektur und *Unternehmensplanung* nach dem Motto *große Gebäude und viele Angestellte = viel Ehr,* hin zu einer bescheideneren und funktionelleren Architektur und Organisationsplanung, die am besten in den später beschriebenen regionalen Versorgungskonzepten zu realisieren ist.

Auf der menschlich-ethischen Ebene muss es weitaus stärker darum gehen, den Patienten intensiver in Entscheidungen einzubinden, ihn aber auch weitaus mehr für sein Schicksal in die Verantwortung zu nehmen. Dieses ist ganz besonders wichtig für die Phase am Lebensende, wo Medizin und Pflege oft mangels Mut, Informationen über den Willen des Patienten und aus Angst vor medikolegalen Konsequenzen eine technisch-medizinische Hochleistungsmedizin anbieten, die überflüssig, inhuman und kontraproduktiv in ihrem Ressourcenverbrauch ist.

Dieser Grenzbereich der Medizin, der auf Deutsch unter dem etwas unglücklichen Oberbegriff *passive Euthanasie*[24] fällt, aber auf Französisch unter *acharnement thérapeutique* oder Englisch *futile medical care*, auch als *Sterbenlassen* weitaus besser beschrieben wird, bedarf einer offenen Diskussion (DAMAS, 2013), sowohl individuell zwischen Arzt/Pflege und Patient, wie auch gesamtgesellschaftlich.

In meinem Fachgebiet, der Intensivmedizin, erleben wir es regelmäßig, dass ältere Patienten nach oft sehr langen und aufwendigen invasiven Aufenthalten auf der Intensivstation die

---

[24] Unter *passiver Sterbehilfe* wird das Nichtergreifen oder Nichtfortführen lebenserhaltender Maßnahmen aus ethischen, medizinischen und humanitären Gründen verstanden. Es dient dem Ziel, ein leidvolles Sterben nicht zu verlängern bzw. das Sterben als natürlichen Prozess zuzulassen.

Normalstation erreichen und dann dort nach Tagen oder Wochen rasch versterben. Nun kann man sagen, die Nachsorge war mangelhaft, genauso oft ist die Wahrheit aber die, dass diese Menschen keine reelle Chance hatten, in dem pflegerischen und sozialen Umfeld, welches sie erwartete, mit ihrer chronischen Krankheit zu überleben.

Eine neue und offene Diskussion setzt ein Umdenken und die Befreiung der Medizin und Pflege aus der *ökonomischen Gefangenschaft* voraus, aber auch einen sehr viel offeneren Dialog mit dem Patienten und seiner Familie über Chancen, Risiken und Sinn einer Reihe medizinischer Maßnahmen. Dieses gilt ebenso für Eingriffe und Diagnostik, die nicht indiziert sind (N-TV, 2013), oder Krankenhausaufenthalte alter und chronisch kranker Menschen, die bei besserer Organisationsstruktur, vor allem im ambulanten Bereich, vermeidbar wären.

d. Rolle der Menschen/Patienten

Die Menschen als aktuelle oder zukünftige Patienten sind das Schlüsselelement einer Veränderung im Gesundheitssystem. Der notwendige Mentalitätswechsel angesichts einer übermächtigen Technik und Medizin ist bereits früh von Autoren wie Ivan Illich (ILLICH, 1995) oder Lewis Mumford (MUMFORD, 1984) angemahnt worden.

Entscheidend ist die Erkenntnis, dass die Entwicklung der modernen Medizin trotz ihrer Erfolge zu einer Entmündigung der Menschen (ILLICH, 1995), einer fatalen Abhängigkeit von Experten und nun zunehmend ökonomischen Überlegungen geführt hat.

Damit wird die Wieder-Übernahme von *Eigenverantwortung für das Leben und Sterben* jedes Menschen zur vordringlichsten Aufgabe, ohne die jede andere Veränderung des Gesundheitssystems unrealistisch wird. Daher ist es folgerichtig, dass neben der Aufklärungs- und Dokumentationspflicht, die Patientenrechte und –pflichten weiter gestärkt werden. Wir Mediziner müssen lernen, mit einer neuen Generation besser informierter Menschen auszukommen, die jede Information *googeln*, aber auch mit Menschen, die sich mehr für ihre Gesundheit und Krankheit interessieren und dieses stärker hinterfragen. In der Summe werden sie möglicherweise zu fordernden, aber auch zu verantwortungsvollen Partnern, die helfen, ein menschlicheres und logischeres Gesundheitssystem aufzubauen.

Ein weiteres wichtiges Thema ist der *Interessenausgleich zwischen Arzt, Krankenhaus und Patient* im Fall von Problemen, um nicht zu sagen von Fehlern oder Kunstfehlern. Bereits Ivan Illich hat in den Siebzigerjahren auf diese Problematik der *Iatrogenität* hingewiesen (ILLICH, 1995). Aus der eingangs vorgelegten Analyse des Istzustandes ist es keineswegs erstaunlich, dass wir zunehmend mit Fehlern, die jeder menschlichen Handlung inhärent sind, konfrontiert sind:

- durch die mengenmäßige Zunahme invasiver *Akte*, teils durch längeres Lebensalter, teils durch absolute Zunahme,
- die Zunahme nicht-lebensnotwendiger Eingriffe, z. B. in Orthopädie und plastischer Chirurgie, bei der der Patient sehr viel kritischer das Ergebnis betrachtet, vielleicht sogar in Zusammenspiel mit nicht *wasserdichten* medizinischen Indikationen,

- die allgemeine Iatrogenität unseres derzeitigen Gesundheitssystems – stark zentralisiert, konzentriert, wodurch Arbeitsverdichtung und -intensität (mit Fehlern) und Infektionsgefahr überproportional steigen können,
- den steigenden *Produktionsdruck* auf alle Akteuren bis hin zur Steigerung der lukrativen invasiven Akte und Operationen,
- die zunehmende Entfremdung und Trennung zwischen Arzt und Pflege vor Ort und patientenfremden Qualitäts- und Risk-Managern, die fraglos notwendig sind, sich aber fast als Gegner gegenüberstehen
- und damit dem Paradox, dass trotz objektiv ungleich besserer medizinischer Leistungen mit höherer Sicherheit eine *stärkere gefühlte Unsicherheit* und ein *Null-Risiko-Denken* vorherrschen.
-

Hinzu kommt, dass die meisten Fehlleistungen heutzutage nicht einem präzisen individuellen Fehler einer Person zuzuschreiben sind, sondern einer Verkettung organisatorischer, kommunikativer und medizinisch-pflegerischer Fehler. Dementsprechend sind die Zuordnung des Fehlers und die Entschädigung des Patienten oft schwierig bis unmöglich.

Im Sinne des Patienten sollten hier in einem innovativen Gesundheitsnetzwerk neue Ansätze gelten:

- Fördern einer offenen und sanktionsfreien Fehlerkultur und Reduktion restriktiver und repressiver Maßnahmen bei Fehlern auf das erforderliche Minimum,
- weitaus kritischere Betrachtung der Iatrogenität und positivere Bewertung des *Risk-Managements* in der Medizin, durch Forschung und Weiterbildung,

- Förderung der Mediation als Hauptinstrument des Interessenausgleichs für den Patienten mit offenem Zugang (z. B. durch Ombudsstellen in jedem Gesundheitsnetzwerk) oder das in einigen US-amerikanischen Kliniken geübte DAO-Programm (FRERES & WALTER, 2013)[25],
- Konzentration auf den objektiven Schaden beim Patienten, und nicht den Weg dahin. Ohne schwere Fehlleistungen ungesühnt zu lassen, sollte die Entschädigung bei Fehlern (oft multifaktoriell) im Vordergrund stehen,[26] dazu könnte wie z. B. in Frankreich oder Belgien, ein *Entschädigungsfond* geschaffen werden, der bei Schädigungen ohne klare oder nur langwierig nachweisbare Schuldfrage einspringt.
- Rechtliche und strafrechtliche Prozeduren sollten in diesem Setting die Ausnahme und schweren Fehlleistungen vorbehalten bleiben.

Letztendlich muss sich ein neues Verhältnis zwischen Arzt und Patient einspielen, welches das derzeitige *Belauern* und den teilweisen Vertrauensverlust beendet und einer offenen Kommunikation zwischen Experten und Patient weicht und wieder gegenseitiges Vertrauen schafft. Der Preis, den der Patient dabei bezahlt, liegt darin, dass er immer stärker schwierige und

---

[25] DAO = *Disclosure, Apology and Offer Programs* als Strategie, rasch und auf Krankenhausebene Schäden abzuklären und zu entschädigen.

[26] Ein typisches Beispiel ist der Fall der deutschen Paralymics-Siegerin Birgit Kober, die infolge einer fehlerhaft infundierten 100-fach erhöhten Dosis eines Antiepileptikums dauerhaft behindert bleibt. (MITTLER, 2013)

komplexe Entscheidungen und Abwägungen treffen muss. Die langjährige Erfahrung in der Intensivmedizin zeigt mir aber, dass dieses fast immer funktioniert, wenn die richtige Kommunikation gewählt wird. Dabei muss allerdings der Experte (Arzt) wohl von seinem hohen Ross herunter steigen, andererseits aber auch sein Fachwissen, seine Kompetenz und seine Lebenserfahrung erkennen lassen.

Falsch ist es, dem Patienten oder seiner Familie ganz allein eine schwierige Entscheidung aufzubürden, ohne eine Empfehlung oder einen vertrauensvollen Lösungsvorschlag. Ähnlich wie bei der Kindererziehung und Pädagogik (AANDERUD, 1995) darf auch hier nicht die Fähigkeit des Patienten und seiner Familie überfordert werden, er muss dennoch von einem kompetenten und fachlich und menschlich integeren Arzt geführt werden.

So wie der Patient wieder die Hoheit über seinen Willen, sein Leben und sein Sterben zurückgewinnen muss, so muss der gleiche Mensch – Wähler, Konsument, Arbeitnehmer oder Arbeitgeber – sich auch überlegen, ob dieses nicht auch in anderen Lebensbereichen notwendig ist. So könnten die Gesundheit und die Krankheit zum Katalysator für ein Umdenken bei Konsumverhalten, Demokratie und der Arbeitswelt dienen. (ILLICH, 1995) (HABERMAS, 2008)

e. Ein neues Konzept der Gesundheitsversorgung

Ist ein neuer Ansatz, *Menschenkümmern statt Krankheitswirtschaft*, ergänzt durch Kriterien der Nachhaltigkeit, Subsidiarität und Suffizienz nur eine Illusion oder praktisch umsetzbar?

Er ist realisierbar, nicht nur, weil einige Länder hier weiter sind als Deutschland, Österreich oder die Schweiz (BULARD), sondern auch, weil die Zeit reif ist für derartige Veränderungen und es bereits viele Voraussetzungen vor Ort für ihre Umsetzung gibt. Was vielleicht fehlt ist der einheitlich konzeptionelle und politische Rahmen.

Daher muss ein Dreiklang geplant werden, der inhaltlich und praktisch bedeutet:

- Ressourcen und Infrastrukturen dazu zu nutzen, Krankheit zu verhindern = *Prävention*, oder wenn bereits chronische oder Alterskrankheiten vorhanden sind, diese auch durch adäquate Organisation vor Ort zu entschärfen.
- Exzellenzzentren für eine Spitzenmedizin und Spitzenforschung zu fördern, die neben hohen Qualitäts-Kriterien auch in Kategorien der Nachhaltigkeit und Suffizienz funktionieren.
- Und schließlich als Rückgrat des Konzeptes und als Gegenmodell zum aktuellen Mainstream das Konzept der integrierten und vernetzten Versorgung einer Region.

I.   Prävention und Gesundheitsinformation

Der erste Grundpfeiler des Konzepts, Krankheit zu verhindern und chronische oder Alterskrankheiten *vor Ort* zu behandeln und über Verhaltensänderung abzumindern (SCHAUDER, et al., 2006) hat drei Hauptwirkungsbereiche:

1. Kinder-und Jugendmedizin

Diese Forderung liegt keinesfalls an dem Mangel an engagierten Kinder- und Jugendmedizinern, sondern an dem Trend, die Medizin an renditeträchtigen Aktionen und Kunden auszurichten. Geradezu skandalös erscheint da, dass viele Medikamente überhaupt nicht für das Kindesalter zugelassen werden – mangels Studien und Beforschung, da kein *lukrativer Markt* vorhanden ist. (BRETTIN, 2004)

Prävention und Betreuung während des gesamten Lebensweges des Kindes und Jugendlichen sollte eine konsequente Aufwertung erfahren. Der enorme positive Hebel, Probleme und Erkrankungen über eine konsequente und kostenfreie Betreuung in Kindergärten, Schulen und Bildungseinrichtungen durch Kinder- und Allgemeinärzte, Zahnärzte und andere Gesundheitsberufe (Ernährungsberater, Psychologen …) sowie die Schulung des Personals zu erreichen, sollte maximal genutzt werden. Im internationalen Bereich sind dabei Länder wie Finnland, Dänemark, Belgien, Frankreich, Neuseeland … weiter als Deutschland. (LANGNESS, et al., 2005)

2. Gesundheitsinformation und Anleitung der aktiven Bevölkerung

Die aktive Bevölkerung muss pro-aktiv durch Präventionsprogramme und Informationen in den großen Krankheitskomplexen angeleitet, aber vor allem zu aktiver Mitarbeit angeregt werden. Der notwendige Mentalitätswechsel muss sich von einer krankheitsorientierten, reaktiven Vorgehensweise des Medizinsystems hin zu einer präventiven und informativen Strategie bewegen.

Janice L. Clarke beschreibt in einem 2010 erschienenen Artikel (CLARKE, 2010), wie ein Gesundheitssystem in der Krise, wie das US-amerikanische, durch eine *Kultur der Prävention* positiv umgestaltet werden kann. Hier geht es, ohne Anspruch auf Vollständigkeit, um die großen Krankheitsachsen, die unsere westliche Gesellschaft derzeit belasten:

- falsche Ernährung und erworbene Stoffwechselstörungen (Diabetes, Adipositas, Fettstoffwechselstörungen, Fehlernährung),
- Suchtproblematik (Tabak, Alkohol, Drogen, Psychopharmaka und Sedativa …),
- Infektionsproblematik (sexuell übertragene Erkrankungen, Hepatitis, Virusinfektionen, Impfungen …),
- psychische Erkrankungen und Burn-out-Problematik,
- umweltbedingte Erkrankungen und Allergien,
- gezielte Prävention bestimmter Krebserkrankungen (Kolo-rektal, Brust Ca., Prostata Ca. …),
- Herz-Kreislauferkrankungen (Bluthochdruck, koronare Herzkrankheit, zerebrale Zirkulation …).

Gleichzeitig müssen die Gesundheitsberufe, vor allem die Ärzte, motiviert, bestärkt und vor allem adäquat vergütet werden, sich dieser Aufgabe zu widmen. Logistisch und inhaltlich unterstützt werden sollte diese Initiative durch regionale, nationale und internationale Netzwerke, die Wissen, Know-how und Qualitätstools zur Verfügung stellen – das wäre als sinnvolle Mission der Krankenkassen, der Gesundheitsverbände und auch supranationaler Einrichtungen (europäische Institutionen) zu sehen.

3. Gesundheitsinformation und Betreuung der alten und chronisch kranken Bevölkerung

Wenngleich viele Gemeinsamkeiten mit dem Präventionsgedanken vorliegen, sollte für die letzte Lebensphase und chronische Erkrankungen ein eigenes Konzept entwickelt werden, mit dem Akzent, dem alten Menschen einen optimalen medizinischen, pflegerischen und sozialen Rahmen zu geben, der ihn in seiner gewohnten Umgebung halten kann.

Hier ist ein 180-Grad-Wechsel gegenüber der aktuellen Krankheitswirtschaft anzustreben. Anstatt die alten und kranken Menschen in Akutkrankenhäuser, Pflege- und Rehabilitationseinrichtungen zu verlagern, sollte alles getan und organisiert werden, sie zu Hause zu halten.

- Jedes Haus oder jede Wohnung, in der ein alter Mensch lebt, sollte man als *potenzielle Pflegestation* sehen und dementsprechend einrichten und ausstatten.
- Die maximale *Ausnutzung moderner Technik und Kommunikation* hilft, alte und chronisch kranke Menschen zu Hause zu halten.
- Und dieses wird ergänzt durch die *Vernetzung und enge Kooperation* der Gesundheitsdienstleister um den alten Patienten herum.

Hierzu sind einerseits neue Wege erforderlich, andererseits reicht es, bereits existierende und erfolgreiche Modelle zu unterstützten und zu fördern, die alle auf dem vorher beschriebenen Konzept der organisatorischen und baulichen Nachhaltigkeit beruhen, wie:

- Kommunikation mit Familie, sozialen Diensten und Gesundheitsdienstleistern sowie Förderung der informellen

sozialen Kontrolle durch Nachbarschaft und Gemein-
schaften,

- Mobilitätshilfsmittel, medizinische Hilfsmittel für die
  Heimanwendung und behindertengerechte technische
  Hilfsmittel sowie Roboter mit Wartung und Kontrolle,
- Ausbau der ambulanten Pflege und Förderung ambulanter gerontologischer Ambulanzen und Einrichtungen bei
  schweren Erkrankungen (Demenz, Schlaganfall, Herzin-
  suffizienz …),
- Förderung der Kurzzeit-Pflege mit medizinischer und
  pflegerischer Unterstützung als intensive ambulante oder
  zeitbegrenzte stationäre Pflege.

II. Exzellenzzentren und Universitätskliniken

Zu dem Stufenkonzept der Regionalversorgung gehört auch
eine Spitzenmedizin und Spitzenforschung. Allerdings sollte
auch sie in Zukunft den Kriterien der Nachhaltigkeit und Suffizienz genügen.
Dieses bedeutet vor allem zweierlei:

- Eine *kritische nationale oder gar internationale Analyse
  sollte die realen Bedürfnisse an Spitzenmedizin für die
  Bevölkerung* definieren, um Redundanzen zu vermeiden.
  Dabei dürfen historisch gewachsene und aus alter Konkurrenz lieb gewonnene Gewohnheiten keinen Schutz
  vor einer sachlichen Analyse darstellen.
- Das Profil dieser Spitzeninstitute und Universitätskliniken muss ganz klar die *Patientenbehandlung komplexer
  und seltener Erkrankungen* sein, ohne der regionalen

Versorgung Konkurrenz zu machen – sowie die *Lehre und Forschung.*

Unter diesen Prämissen kann die heutige Struktur der Universitätskliniken und Krankenhäuser der Maximalversorgung sogar von dieser Neuausrichtung langfristig profitieren, sofern die richtigen Weichen jetzt gestellt werden:

- Konzentration der klinischen Tätigkeit auf die Kernkompetenzen einer Spitzenklinik oder eines Kompetenzzentrums[27],
- Referenzzentrum für Aus- und Weiterbildung in dieser Spezialität,
- stärkere Konzentration auf eine *international orientierte Versorgungsforschung und Forschungs-Folgeforschung*, Erforschung von Umwelteinflüssen und Schulterschluss zwischen Natur- und Geisteswissenschaften,
- grundlegende Reflexion über eine solide und nachhaltige Finanzierung dieser Aufgaben durch die Allgemeinheit (RICHTER-KUHLMANN, 2013), die damit die Exzellenzzentren und Universitätskliniken auf eine solide Basis stellen und ihren Rücken freihalten von Aufgaben, die sie aus finanzieller Not übernehmen und die andere besser abdecken.

---

[27] Ein Beispiel ist die Transplantationsmedizin in Deutschland, deren Unregelmäßigkeiten zu einer kritischen Analyse und der Reduzierung der Zentren führte. (STOSCHEK, 2013)

III.   Regionalversorgung

Leitidee und politischer und gesellschaftlicher Auftrag ist es, eine überschaubare Region (von ca. 50.000-200.000 Menschen) *medizinisch umfassend, Sektoren übergreifend wohnortnah* außerhalb der Universitätsmedizin medizinisch zu versorgen.

Ein Kernziel bleibt über *das Empowerment und die Motivation der Gesundheitsberufe*, eine neue Attraktivität für die Professionellen zu schaffen und den Patienten und Menschen damit ein korrektes medizinisches Angebot vor Ort zu bieten. Dieses ist im klaren Gegensatz zum aktuellen Zustand, bei dem sich die Gesundheitsversorgung in vielen Regionen in einem Zustand der Erosion befindet.

Ambulant geht vor stationär: Ambulante und stationäre Medizin sind sowohl für den Patienten wie auch den Anbieter medizinischer Leistungen ein *gemeinsamer Behandlungsraum* in diesem Netzwerk, die stationäre Akut-Medizin übernimmt nur den Part der Behandlung, der risikoreich und mit hohem Ressourcenverbrauch verbunden ist.

Der Abbau oder gar die Schließung *akutmedizinischer Betten* wird begleitet von einem Masterplan für die ambulante oder spezialisierte post-akute Betreuung alter Menschen und chronisch Kranker, sowie einem kohärenten Konzept der Notfallbehandlung. Dieses kann man als die *Metamorphose des aktuellen Akut-Krankenhauses alter Schule* in eine moderne modulare Struktur verstehen, wie es in *Abbildung 1* darstellt wird.

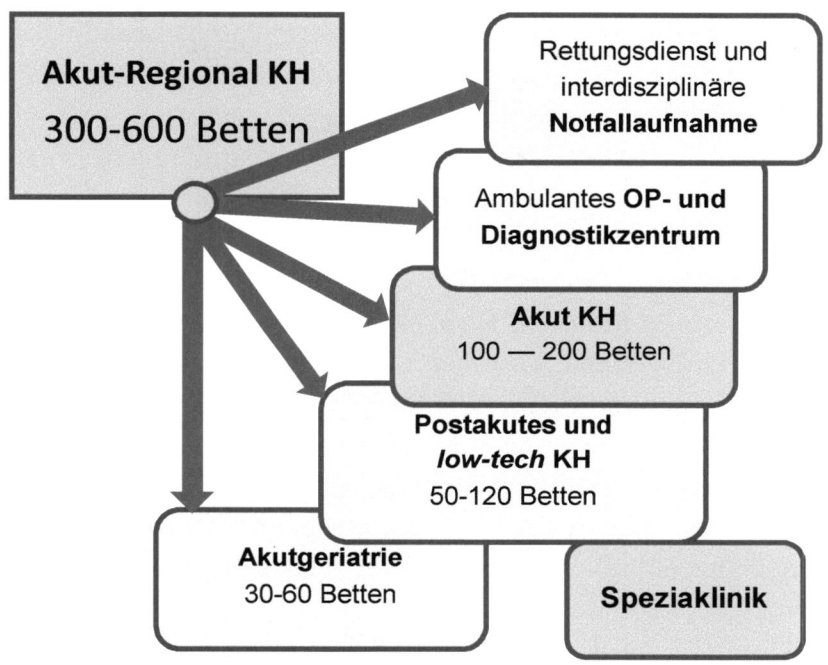

Abbildung 1: Schematische Darstellung der *Metamopphose* eines klassischen Akutkrankenhauses in eine modulare und funktionsorientierte moderne Struktur.

Innerhalb dieser Zielregion ist Konkurrenz zwischen den Anbietern medizinischer Leistungen bestenfalls nur auf individueller Ebene sinnvoll, gesamtstrategisch soll ein Teamansatz zwischen Fachgebieten und Berufsgruppen favorisiert werden, um *unnötigen und kontraproduktiven Wettbewerb zwischen Abteilungen und Institutionen zu minimieren* und dem Patienten über die Qualität und den Vernetzungsgrad der Institutionen einen positiven Anreiz zu bieten.

Qualität und Transparenz sind in diesem Ansatz unabdingbare Voraussetzung, aber sie sollen weitgehend *vom Endanbieter medizinischer und paramedizinischer Leistungen geliefert werden.* Zentralisierte Unterstützungsstrukturen sollen schlank bleiben und im Hintergrund wirken, um die Akteure am Patienten logistisch und fachlich in dieser Aufgabe zu unterstützen.

Interdisziplinarität und krankheitsbezogene Herangehensweisen in einem hierarchiearmen System sollen helfen, im Sinne des Patienten die Haupt-Krankheitsbilder fachlich hochwertig abzudecken, wobei für ein Netzwerk dieser Größe klar ist, dass nicht alle medizinischen Fachgebiete auf hohem Niveau abgebildet werden können, sondern externe Partnerschaften mit Spitzenkliniken und der Universitätsmedizin erforderlich sind.

Aufwertung nicht-medizinischer Berufe (Krankenpflege, Krankengymnastik, Ergotherapie, Sozialarbeiter …) bei der Umsetzung und Supervision der medizinischen Therapie, vor allem im ambulanten Bereich und der Pflege alter und chronisch kranker Menschen.

Bei der Umsetzung des Konzeptes der Regionalversorgung, das einen politischen und strategischen Grundkonsens für die *medizinische Versorgung der Region* als Leitgedanken für alle Beteiligten voraussetzt, sollte man aufgrund seiner Komplexität in materielle und konzeptionelle Reformen, oder einfacher ausgedrückt: in Hardware und Software, unterscheiden (siehe Tabelle 4).

Hardware	Software
schlankes Akutkranken-haus	offene Gesellschaftsstruktur des Netzwerks (Genossenschaft), PPP mit Lenkungsorgan
Satellitenstrukturen	Mobilität der Ärzte und Gesundheitsberufe im Netzwerk bei denkbaren Unterschieden im Beschäftigungs- und Vergütungssystem
ambulante Netzwerkpartner	Leitungsbinome Arzt-Pflege
Kompetenzzentren als Partner	neue ärztliche Kooperations- und Arbeitsformen
IT und Kommunikations-Struktur	Attraktivität, Netzwerkpartner zu werden, in der Region und nach außen
zentralisierter Logistik- und Supportservice	schlanke Leitungsstrukturen

Tabelle 4: Materielle Organisation des Versorgungsnetzwerkes und Umdenkprozesse und neue Organisationsformen.

Im Zentrum der *Reorganisation der Akutmedizin* steht das Akutkrankenhaus mit seinen technischen und menschlichen Ressourcen, auch wenn das Rückgrat dieses Konzeptes die ambulante Medizin und insbesondere der niedergelassene Allgemeinarzt sein soll.

- Kernstruktur ist ein *modernes und schlankes Akutkrankenhaus* (ca. 2-3 KH Betten für 1.000 Einwohner), das dem oben beschriebenen modularen Konzept folgt, um Flexibilität für die Zukunft zu bewahren:

- ➤ Notfallzentrum einschließlich pädiatrischer Notfallaufnahme
- ➤ Zentrum für ambulante Chirurgie
- ➤ Akutkrankenhaus mit Bettenstation-, OP-Intensivstation und Intermediate-Care-Einheit, Geburtshilfe, Akutgeriatrie
- ➤ ambulante Diagnostik und Polikliniken
- ➤ spezialisierte *Lowtech*-Bettenabteilungen (z. B. Akut-Psychiatrie, Rehabilitation, Umweltklinik)
- ➤ zentrale Logistik, Zentrallabor und Verwaltung
- *Satellitenstrukturen in Form von medizinischen Versorgungszentren* dienen der geografischen Abdeckung der Region, mit der Mission, die einfache Notfallversorgung, Allgemeinmedizin und wesentliche Spezialgebiete ambulant in der Fläche anzubieten. Durch die Vernetzung mit dem *Zentralklinikum* hat bereits hier der Patient Zugang zu dem Know-how und der Organisationsstruktur des gesamten Netzwerkes. Es könnte sich anbieten, auf ehemalige oder restrukturierte kleinere Krankenhäuser als Standort zurückzugreifen, die im Rahmen von Fusion und Neuausrichtung neue Missionen erhalten können.[28]
- Hinzu kommen Einzelinstitutionen in der *Gesundheitsregion* wie Arztpraxen von Allgemeinärzten und Spezialisten, Praxisgemeinschaften und spezialisierte Gesund-

---

[28] Entscheidend sind ein abgestimmtes medizinisches Portfolio und die Abdeckung einfacher Notfälle tagsüber (von 7-19 Uhr), z. B. in Zusammenarbeit mit mehreren allgemeinmedizinischen Praxen und niedergelassenen Fachärzten sowie einem gut organisierten Rettungsdienst.

heitseinrichtungen aus benachbarten Gesundheitsberufen (ambulante Pflegedienste, Pflegeheime, Rehabilitationseinrichtungen) als Partner des Netzwerkes und mit diesem technisch und organisatorisch vernetzt.

Beispiele neuerer Ansätze wären:
- ambulante Geriatrie und Tagesklinik, z. B. für Demenzerkrankungen,
- ambulante Chemotherapie in Zusammenarbeit mit dem Tumorzentrum (für leichtere und gehfähige Patienten),
- ambulante palliative Behandlung und Pflege, in Zusammenarbeit mit einem ambulanten und mobilen Pflegedienst sowie Schmerzambulanz in Zusammenarbeit mit radiologischer Diagnostik und invasiver Schmerztherapie,
- Geburtszentren bzw. Geburtshäuser, von Hebammen geführt, aber in enger organisatorischer und auch räumlicher Anbindung mit einer geburtshilflichen Abteilung und der Möglichkeit, Hausgeburten unter optimierten Sicherheitsbedingungen zu leiten.

Auf der konzeptionellen Ebene sind neben einem politischen und strategischen Grundkonsens ebenfalls neue Ansätze zu wählen, die aber durchaus in anderen Ländern schon ihre Wirksamkeit unter Beweis stellen konnten.

Wünschenswert wäre ein regionales *Lenkungsorgan*, welches *Kostenträger der Region* (Krankenkassen, Pflegeversicherung, Sozialversicherung, Trägergesellschaften der Krankenhäuser und Gesundheitsdienste.), gewählten Vertretern der Ärzte, der Belegschaft und Vertreter von Patientenorganisationen in einer *offenen Gesellschaftsform*, z. B. in Form einer eingetragenen Genossenschaft umfasst. Vorteil wäre, Personen und Organismen unterschiedlicher Größe und Provenienz als Netzwerkteilnehmer zu integrieren. Dieses umfasst auch das Nebeneinander und den Ausbau von Public-private-Partnerships zwischen freiberuflichen Ärzten und angestellten Mitarbeitern der Gesundheitsinstitutionen.

Das Netzwerk sollte über *schlanke Leitungsstrukturen* verfügen, deren Grundprinzip es wäre, möglichst viele Management-Aufgaben an die leistungsnahen Bereiche in Medizin und Pflege zu delegieren.

Dieser Ansatz macht es sinnvoll, *dezentrale Leitungsbinome* aus ärztlichem Koordinator und leitender Pflegekraft zu bilden, deren Aufgabenbereich sich durch die organisatorische wie geografische Struktur des Bereichs definiert, aber neue und interdisziplinäre Wege in der Kompetenzaufteilung geht (z. B. OP-Management, Notfallzentrum, ambulante Chirurgie, stationäre Medizin, ambulante Medizin, Akutgeriatrie, Akutpsychiatrie, Allgemeinmedizin ...). Klar ist, dass die medizinische Kompetenz und Verantwortung bei den Ärzten bleibt, Managementbereiche aber gemeinsam geführt werden können.[29]

Es bleibt ein Platz für ein zentrales Management, nicht mehr des Krankenhauses, sondern des Netzwerkes für Support-Bereiche wie Informatik, Logistik, Finanz- und Statistikabtei-

---

[29] Unterstützt wird dieser Ansatz durch die Professionalisierung und Akademisierung des Pflegeberufes, z. T. in dualen und Bachelor-Studiengängen. Sinnvolle Themen wären z. B.: Organisation und Transparenz der Patientenflüsse, Mitarbeit und Auswertung bei Qualitätstools und Aktivitätsstatistiken (CIRS, PEER-REVIEW-System ...), Fortbildung der Mitarbeiter.

lung, Apotheke, Qualitätsmanagement (Risk-Management, CIRS[30]), Hygiene oder Sozialdienste.

Zentrale Aufgabe ist die *Vernetzung aller Standorte* mit einer anpassungsfähigen Software, die als elektronisches Patientendossier, KIS (Krankenhausinformationssystem) und Logistikplattform fungiert, und so Kommunikation und betriebswirtschaftliche wie auch prozessorientierte Transparenz ermöglicht. Hinzu kommen spezifische Funktionen, wie Bildübermittlung in der Radiologie und Resultatübermittlung in der Labormedizin.

Ein neues Ziel wäre auch, *die Mobilität der Ärzte im gesamten Netzwerk*, sowohl im stationären wie im ambulanten Bereich, zu fördern und ihre Tätigkeit stärker *Sektoren übergreifend*, ambulant und stationär, zu organisieren – nach Qualifikation und Engagement.

Dieses müsste, wie in einer Reihe anderer Länder üblich, die Koexistenz *verschiedener Beschäftigungs- und Vergütungssystem erlauben* – freiberuflich, angestellt, nach festen Vertragsabsprachen – aber stets unter dem Aspekt des Interessenausgleichs zwischen der Institution und dem Berufstätigen. Dieses wirft dann auch die Frage nach einem adäquaten Vergütungssystem auf, auch unter dem Aspekt der Leistungsorientierung. Sinnvoll erscheint dabei, und auch schon im Ausland praktiziert, bei der Vergütung mehr der Faktor Zeiteinsatz, Risiko

---

[30] Ein *Critical Incident Reporting System* (CIRS) stammt aus der Aeronautik und stellt ein Berichtssystem zur anonymen Meldung von kritischen Ereignissen (*critical incident*) und Beinahe-Schäden (*near miss*) dar. Im Gesundheitswesen stellt es ein Instrument zur Verbesserung der Patientensicherheit dar, da es auf anonymer Basis Fehler auswertet und Verbesserungspotenziale erarbeitet.

und Gesundheitsgefährdung (z. B. Nachtdienste) zu fördern, als starre und historisch gewachsene Tarifstrukturen, die dann in der Folge oft zu Fehlanreizen führen.

Ein entscheidender Aspekt ist angesichts des aktuellen und zukünftigen Mangels an Ärzten und Pflegern, dass sowohl dieses innovative regionale Netzwerk selbst, wie auch die Region attraktiv für Professionelle wird. Daher müssen *Anreiz-Systeme geschaffen werden, Netzwerkpartner* zu werden.

Für eine neue Generation von Ärzten und Gesundheitsberufen haben sich die Koordinaten des Berufslebens und der Work-Life-Balance geändert. Ärzte können sich im Rahmen ihres Fachgebietes oder neu entstandener fachübergreifender Gebiete neu organisieren.[31]

Eine *Absicherung der ökonomischen und medizinischen Zukunft* durch die *Genossenschaftsstruktur* und damit die gemeinsame Nutzung von Logistik, IT, Informationen, Ressourcen und Know-how, aber auch zentraler Dienstleistungsstrukturen (EDV-Abteilung, Terminplanung, Apotheke, Logistik- und Materialabteilung, Sozialdienst, Hygiene …) könnten als ein wichtiger Vorteil angesehen werden.

Eine *bessere Arbeitsorganisation in strukturierten Gruppen*, die vor allem neue und bislang nicht praktizierte Arbeitszeitmodelle und Sub-Spezialisierungen anbieten, könnte ein weiterer Attraktivitätsfaktor werden, ebenso wie eine verstärkte Interdisziplinarität mit Fachkonferenzen, Fortbildungen und EDV gestütztem Informationsaustausch. Dabei wird der Abbau der in den deutschsprachigen Ländern noch recht stark vorhan

---

[31] Beispiel: Viszeral-Medizin als Zusammenschluss von Gastroenterologie, Chirurgie und Ernährungsmedizin …

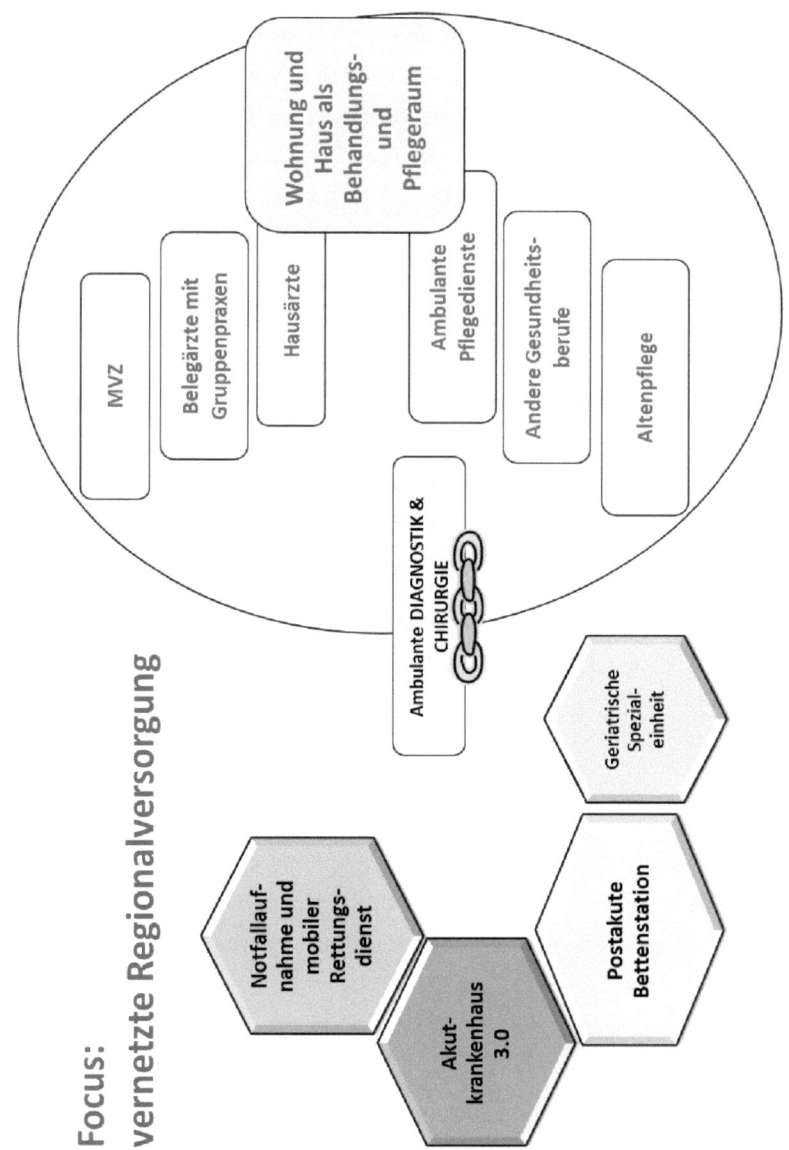

Abbildung 2: Schematische Darstellung einer vernetzten Regionalversorgung.

denen Hierarchie innerhalb der Ärzte und zwischen den Berufsgruppen zu einem Schlüsselfaktor. Ähnlich wie im skandinavischen und Benelux-Raum sollte ein Übergang zu einer *flachen Hierarchie und einem fairen Vergütungssystem* gefunden werden, sodass z. B. statt eines Chefarztes ein *ärztlicher Koordinator* in einer demokratischen Wahl für z. B. 5-10 Jahre gewählt wird, der für seinen administrativen Arbeitseinsatz einen adäquaten Stundensatz nach einem Dienstleistungsvertrag erhält.

Last, but not least müsste sich das Netzwerk *an überregionale Partner und Kompetenzzentren* anbinden, für die Krankheitsbilder, deren Akutbehandlung, Diagnostik und chronische Betreuung die Möglichkeiten des Versorgungsnetzwerkes übersteigt.

Fazit

Medizin und Pflege sind in den letzten Jahrzehnten in eine Sackgasse geraten, deren Ursachen komplex und nur durch eine weit über die eigentliche Medizin hinausgehende Analyse zu beschreiben sind. Schlüsselbegriffe sind dabei *Ökonomisierung* von Gesundheit, Krankheit und Tod, *Marginalisierung* ethischer und humaner Verhaltensweisen und letztendlich eine *teure, oft ineffiziente und unlogische Organisation der Gesundheitsversorgung.*

Die Menschen haben das in ihrem Inneren lange gespürt und es breitet sich ein dumpfes Unbehagen bei Patienten, Ärzten, Pflegern und auch politisch Verantwortlichen aus. Einzelne Beratungsunternehmen, Krankenhausmanager, Konvertiten unter den Ärzten und patientenfremde *Experten* sind noch zufrieden mit der Entwicklung, ist die derzeitige Krankheitswirtschaft doch eine perfekte Garantie für Macht und Geldmittel.

Wie bei jeder gesellschaftlichen und ökonomischen Entwicklung, die die Menschen langfristig auf der Seite lässt, droht ein unsanftes Ende durch *Blasenbildung,* soziale Verzerrungen und in jedem Fall eine ungünstige Kosten-Nutzen-Relation. Die westliche Medizin droht daher, in die Falle der Finanzwirtschaft zu tappen, die sich seit der Sub-Prime-Krise 2008 in einer schweren strukturellen Krise und sich sozusagen in *Scheidung* mit der Bevölkerung befindet. Um der Medizin dieses Schicksal zu ersparen, ist es von großer Bedeutung, das kritische Reflexionen und auch konstruktive Neuansätze für ein anderes Gesundheitswesen aus den eigenen Reihen kommen, im Schulterschluss mit der Pflege und anderen Wissenschaftlern und vor allem in Phase mit den Patienten.

Es gilt aus der Krise zu lernen und sie als Chance zu verstehen, sowohl einen Mentalitätswechsel auf breiter Front wie auch eine logische Neuausrichtung des Gesundheitssystems herbeizuführen, so wie es Janice Clarke für die das US-amerikanische *Health-System* vorschlägt. (CLARKE, 2010) Das hier projektierte Modell eines *neuen Gesundheitssystems* unter dem Leitmotiv *Menschenkümmern statt Krankheitswirtschaft* orientiert sich an den drei in der Medizin bislang recht wenig gebräuchlichen Begriffen:

- Nachhaltigkeit
- Subsidiarität
- Suffizienz

Voraussetzung für diesen neuen Ansatz ist ein fundamentaler Paradigmenwechsel fast aller Parameter, die derzeit unsere Krankheitswirtschaft bestimmen und die in Tabelle 4 zusammengefasst sind.

Das Erkennen eines Problems stellt den ersten Ansatz für eine Lösung dar.

Sokrates

	Heute	Zukunft
Maxime	Krankheitswirtschaft	*Menschenkümmern*
Fokus	Akutkrankheit und Trauma	gesund bleiben und Lebensqualität bei lebenslanger Fürsorge
Krankheitsbegriff	Förderung und Interesse an Krankheit	Förderung von Gesundheit
Patient	Patient Empfänger und *Logistikgut*	Patient aktiver Partner
Psychologie	Kranker als Last und gleichzeitig als *Dukatenesel*, sofern solvent	positive Emotionen und Gemeinschaftsgefühl fördern
Finanzierung	nach Versicherungsstatus, Leistungsangebot folgt individueller finanzieller Leistungsfähigkeit	Solidarisch und egalitär, mit Prävention und Priorisierung, Suffizienz und Nachhaltigkeitskriterien
human factor	Gängelung der Mitarbeiter und feste Produktionslinien	Motivation und Stimulierung von Arzt, Pflege und Patient
Koordination der Anbieter	unkoordiniert und fragmentiert – Konkurrenzgedanke	Vernetzt und aufeinander abgestimmt – Subsidiarität
Behandlungsraum	Einzelinstitution nach Verfügbarkeit der Ressourcen und wirtschaftlichem Nutzen	Region wird zu Gesundheits-Region; gesellschaftlicher Nutzen steht im Vordergrund
Gesundheitsökonomie	Kosten des Betriebs (z. B. Krankenhaus)	Kosten und Wert für Allgemeinheit und Individuum

Produktions-Methode	industrielle Fertigung *Skalierungseffekt*	individuelle Betreuung im Netzwerk
Ressourcen	Sparen an Ressourcen im Betrieb, gesellschaftlicher Ressourcenverschleiß	globale Suffizienz und Nachhaltigkeit
Prävention	Prävention als Last und Bedrohung	Prävention als Chance und Investment

Tabelle 5: Paradigmenwechsel zwischen aktueller Krankheitswirtschaft und einem zukünftigen Gesundheitssystem.

Eine Vision – Epilog

Wir schreiben das Jahr 2035

Die Menschen haben auf breiter Front erkannt, dass sich die Gesellschaft und die Lebensweise ändern müssen, um den jetzigen und zukünftigen Generationen eine Chance zum Leben zu lassen und katastrophale soziale Spannungen oder Kriege zu verhindern.

Die Gedanken der Nachhaltigkeit, Suffizienz und Subsidiarität haben in der Tat Eingang in das Denken und Handeln gefunden. Entscheidungen werden viel mehr auf der Ebene der Bürger und Regionen getroffen, aber der Staat und gewählte supranationale Institutionen wie der Europäische Rat werden respektiert, sofern sie demokratisch im Konsens und im Sinne des Allgemeinwohls handeln.

Überhaupt konnte man seit 15 Jahren ein Revival des Begriffs *Allgemeinwohl* erleben, aus schmerzlichen Erfahrungen früherer Jahre und einer enormen Vergeudung von Finanzmitteln und Ressourcen Ende des 20. Jahrhunderts und den ersten 15 Jahren des 21. Jahrhunderts.

Es ist wieder ein Wert, seine Steuern zu bezahlen, dieses nicht zu tun wird gesellschaftlich geächtet. Wirtschaft und Finanzindustrie koppeln sich wieder stärker an die Menschen vor Ort und dieses Umdenken ist parallel auch in die Gesundheitsversorgung eingezogen.

Der wichtigste Aspekt in der Gesundheitsversorgung liegt auf der Gesundheitserziehung, der Prävention und der Entdeckung und Vermeidung von umweltbedingten Schädigungen. Die Kommunikationsmedien, vor allem aber Kindergarten, Schule und Bildungseinrichtungen nehmen aktiv an der Gesundheitserziehung teil und helfen, die frühzeitige ärztliche Versorgung zu garantieren und zu organisieren. Diese ist regional organisiert und bezieht alle Berufsgruppen ein, die daran einen Anteil haben.

Die Einsicht der Menschen, dass sie selbst für ihre Gesundheit und ihr Leben einstehen müssen, ist gewachsen. Zu groß ist die finanzielle und zeitliche Belastung für die nachwachsende Generation geworden, angesichts einer Pandemie chronischer Zivilisationserkrankungen und Altersprobleme der *Babyboomer*, einer Generation, die es trotz ihrer lautstarken Proteste 1968 fast geschafft hat, den Planeten wie die Heuschrecken *abzufressen* und zu viel in ihre eigene Tasche zu wirtschaften.

Chronisch kranke und alte Menschen werden nun konsequent gefördert und gefordert, ihre gesundheitlichen Probleme ernst zu nehmen, sich zusammenzuschließen und auf eine freundliche Art gegenseitig zu helfen. Selbstverständlich steht ihnen die moderne Medizin und Diagnostik offen, aber es ist absolut *out* rasch ins Krankenhaus zu gehen, oder auch in ein Pflegeheim. Jedes Gebäude wird nur noch mit behindertengerechten Einrichtungen freigegeben bzw. nachgerüstet, sodass sowohl moderne Kommunikationstechnik wie Pflegehilfen überall verfügbar sind. Familien- und Nachbarschaftshilfe erlebten einen ungeahnten Aufschwung, nicht zuletzt, weil man der Nächstenhilfe in der gesamten Gesellschaft ihre Ehre zurückgegeben hat.

War es Ende des 20. Jahrhunderts oft eine Tätigkeit, auf die man abschätzig herabblickte und alles öffentlichen Institutionen zuschob, ist diese Arbeit nun hoch angesehen und genießt große gesellschaftliche Wertschätzung. Hinzu kommt, dass es nun allgemeiner Konsens ist, diese Tätigkeit mit einem von der

Allgemeinheit finanzierten Mindesteinkommen und vor allem einer Mitgliedschaft in der solidarischen Bürger- und Rentenversicherung zu honorieren.

Ein weiteres entscheidendes Element ist die hohe Selbstorganisation und konstruktive Mitarbeit der Patienten und deren Vertretungen, die sowohl regional wie auch nach Krankheitsbildern aufgestellt sind. Die früher bekannte Konfrontation zwischen Professionellen und Patienten ist einem mehr kooperativen und partnerschaftlichen Ansatz gewichen. Die Information und Schulung der Patienten und deren Angehörigen, die logistische Unterstützung und Beratung bei tagtäglichen Problemen wie Mobilität und Pflege nehmen einen großen Raum ein und werden in Netzwerken zwischen Patientenvertretungen, Pflege und regionalen Krankenkassen gelöst.

Diese Umorganisation hat dazu geführt, dass nun 2030 nur noch 20 Prozent der Menschen, die Ende des 20. Jahrhunderts in einem Akutkrankenhaus oder einem Pflegeheim waren, in eine stationäre Institution müssen. Wohnungen und Wohngemeinschaften sind absolut behindertengerecht und können mit Nachbarschaftshilfe und ambulanter Pflegedienste in kleine Krankenstationen umgewandelt werden. Technik und Kommunikationsmittel helfen hier und die quasi unkontrollierbare Infektionsproblematik in Kliniken konnte so ebenfalls gebändigt werden.

Die verbleibenden Pflegeinstitutionen arbeiten sehr viel konzentrierter und professioneller in bestimmten Spezialbereichen wie der Demenzbetreuung, neurologischen oder kardiovaskulären Erkrankungen. Insgesamt kann man sagen, dass eine Pflegeeinrichtung 2035 das macht, was in den Achtzigerjahren des 20. Jahrhunderts eine Abteilung für innere Medizin und Neurologie oft machte – dank einer guten Vernetzung der Ärzte, Pflege und der Akut- und Rehabilitationskliniken.

Die Akutmedizin und die akuten Krankenhausbetten sind abgeschmolzen auf einen Stand von 1,5-2 Betten je 100.000 Einwohner,[32] was besonders den deutschsprachigen Ländern Deutschland, Österreich und der Schweiz schwerfiel. Möglich war dieses durch Umstrukturierungen ab 2016, bei der die Mission der Akutmedizin neu definiert wurde. Neben einem leistungsfähigen und technologisch hoch entwickelten Rettungsdienst und Notfallaufnahmen, führen die regionalen Krankenhäuser, die 90 Prozent der Medizin leisten, 80 Prozent der Operationen und 95 Prozent der Diagnostik ambulant durch. Die Kernaktivität des Akutkrankenhauses bleibt dann die Durchführung größerer Operationen, invasiver Diagnostik und die Intensivmedizin. Dieses wird konzentriert und fachlich und materiell gebündelt in einem *Schnell-Durchlauf-Verfahren* (Fast-Trac) durchgeführt.

Im Gegenzug stehen aber Pflegebetten in äquivalenter Anzahl als postakute und akutgeriatrische Einheiten zur Verfügung, wo die Menschen mit hoch qualifizierter Pflege und niedrig technisierter Medizin auf die Rückkehr in ihre Umgebung vorbereitet werden. Viele Pflegekräfte, insbesondere aus der Leitungsebene, haben Zusatzqualifikationen oder akademische Titel wie den Bachelor in neuen Studiengängen erworben.

Die Intensivmedizin hat sich komplett gewandelt, durch eine radikale Reduzierung ihrer Betten und die Konzentration auf

---

[32] Der derzeitige Stand 2013 in Deutschland: 8,3/1.000 EW (2011), Schweiz: 5,0 (2010), Österreich: 7,6 (2010), Frankreich: 6,6 (2010), Belgien: 6,5 (2011), Niederlande: 4,7 (2009)

(http://data.worldbank.org/indicator/SH.MED.BEDS.ZS)

die schwerstkranken Patienten- und dem Respekt der Wünsche der Menschen auf einen würdigen Tod, unterstützt durch eine quasi hundertprozentige Präsenz von einem Patiententestament. Im Gegenzug sind mehrere kleinere und auch dezentrale *Intermediate Care Pflegeeinheiten* für alte und polymorbide Menschen entstanden, die in einer eher wohnungsähnlichen Atmosphäre eine hoch qualifizierte Intensivpflege und eine nichtinvasive medizinische Therapie anbieten, als Angebot für Patienten, die ausdrücklich auf eine invasive und oft aussichtslose Intensivtherapie verzichten oder wo diese keine Aussicht auf Erfolg und akzeptable Lebensqualität verspricht.

Dieses gilt auch für die Palliativmedizin, die sowohl in kleineren dezentralen Pflegeeinheiten wie auch als mobile Teams in die Lebensbereiche der Menschen kommt – durch eine konsequente Vernetzung und Kommunikation zwischen Medizin, Pflege und dem Umfeld des Patienten.

Es bleibt für ungefähr 10 Prozent der Medizin ein Platz in den Universitätskliniken, Spezialkliniken und Kompetenzzentren, mit weitaus weniger Gesamtbetten als 2013, da diese Institutionen sich auf ihre Kernkompetenz konzentrieren: die Behandlung seltener Erkrankungen, *Orphan Diseases*[33] und komplexer Pathologien in Verbindung mit Forschung und Lehre. Innerhalb Europas hat sich so ein Netzwerk von Kompetenzzentren gebildet, die eng kooperieren und sich Forschung und Therapie aufteilen.

---

[33] Seltene Erkrankungen, oft genetisch bedingt, die je nach Land mit einer Inzidenz von 1 bis 7,5 Erkrankungen auf 10.000 Einwohner definiert werden. Ihre Behandlung ist spezifisch und durch den *geringen* Markt für die Pharmaindustrie oft uninteressant.

Im Gegenzug hat die Allgemeinheit akzeptiert, dass diese hoch qualifizierten Institutionen einer soliden und nachhaltigen Finanzierung bedürfen, sodass die Praxis, sich über einerseits industrieabhängige Projekte, andererseits über eine Standardmedizin, wenn möglich für wohlhabende Privatpersonen zu refinanzieren, verlassen wurde.

Die Forschung konnte sich durch den Zusammenschluss zu internationalen Netzwerken und einer stärkeren öffentlichen Finanzierung, auch aus europäischen Fonds, aus der engen Umklammerung mit der Industrie lösen. Dieses gibt ihr mehr Freiheit Versorgungsforschung, Erforschung umweltbedingter Effekte und Erkrankungen sowie genetischer Interaktionen. durchzuführen.

Pläne sind die Träume des Verständigen.

Ernst Freiherr von Feuchtersleben

Nur die Weisesten und die Dümmsten können sich nicht ändern.

Konfuzius

Bibliografie

AANDERUD, C., 1995. *Die Gesellschaft verstößt ihre Kinder.* Hamburg: Kabel.

AANDERUD, C., 2011. *Weniger ist mehr: Zurück zum eigenen Maß.* Hamburg: Classicus-Verl.

AEBISCHER, P., 2013. *http://www.zeit.de/.* [Online] Available at: http://www.zeit.de/2013/10/Schweiz-Uni-Sponsoring-Patrick-Aebischer [Zugriff am 9 3 2013].

ALVESSON M., S. A., 2012. A Stupidity-Based Theory of Organizations. *Journal of Management Studies,* 7 11.pp. 1194-1220.

ANKOWITSCH, E., 2013 (Jg 110, Heft 42). Vertrauen über Jahrzehnte weggespart. *Deustches Ärzteblatt*, 18 Oktober, p. C 1680.

ARTUR DU PLESSIS, L., 2011. *De la crise à la guerre: la faillite des élites.* Paris: Jean-Cyrille Godefroy.

Arznei-Telegramm, 2001. NEGATIVLISTE FÜR PSEUDO-INNOVATIONEN: SICHERT QUALITÄT UND SPART KOSTEN. *Arznei-Telegramm*, Issue 32, pp. 77-9.

BACKMAN, G., HUNT, P. & KHOSLA Rajat et al., 2008. Health systems and the right to health: an assessment of 194 countries. *The Lancet,* 372(9655), pp. 2047-2085.

BALLWIESER, D., 2013. *TK-Report: 90 Prozent aller neuen Medikamente taugen nichts.* [Online] Available at: http://www.spiegel.de/gesundheit/diagnose/tk-innovationsreport-2013-selten-innovationen-bei-neuen-arzneimitteln-a-902975.html [Zugriff am 31 5 2013].

BARTENS, W., 2012. *http://www.sueddeutsche.de.* [Online] Available at: http://www.sueddeutsche.de/wissen/wissenschaftlichepublikationen-immer-mehr-studien-werden-zurueckgezogen-1.14 84633 [Zugriff am 9 März 2013].

BAUDRILLARD, J., 1983. *Les stratégies fatales. Paris.* s.l.:B. Grasset.

BERGMANN, J.-F., 10.9.2010. Les trois maladies de l'hopital public. *Le Monde,* p. 20.

BINSWANGER, M., 2010. *Sinnlose Wettbewerbe: warum wir immer mehr Unsinn produzieren.* Freiburg: Herder.

BJÖRNBERG, A., 2013. *Euro Health Consumer Index 2013.* [Online] Available at: http://www.healthpowerhouse.com/files/ehci-2013/ehci-2013-report.pdf [Zugriff am 4 1 2014].

BLECH, J., 2005. *Die Krankheitserfinder. Wie wir zu Patienten gemacht werden.* S. Fischer Verlag Hrsg. Frankfurt am Main: s.n.

BLECH, J., 2005. *Heillose Medizin: fragwürdige Therapien und wie Sie sich davor schützen können,* Frankfurt am Main: S. Fischer.

BRAUN, B. & BUHR, P. e. a., 2008. Außer Spesen nichts gewesen ... Die Begleitforschung zur DRG Einführung. *Deutsches Ärzteblatt,* 4 April, p. C 627.

BRETTIN, M., 2004. *Nur für Erwachsene: MEDIKAMENTE Viele sind nicht für Kinder geeignet, werden aber verschrieben.* [Online] Available at: http://www.berliner-kurier.de/archiv/medi kamente-viele-sind-nicht-fuer-kinder-geeignet--werden-aber-ver schrieben-nur-fuer-erwachsene,8259702,4163078.html# [Zugriff am 28 4 2013].

BULARD, M., 2/2010. Comment fonctionnent les systèmes de santé dans le monde. *Le Monde Diplomatique,* pp. 14-15.

BUSSE, R., GEISSLER, A., QUENTIN, W. & WILEY, M., 2011. *Diagnosis-Related Groups in Europe.* [Online] Available at: http://www.euro.who.int/__data/assets/pdf_file/0004/162265/ e96538.pdf [Zugriff am 2 1 2014].

CABUT, S., 2013. DSM 5 – Le Manuel qui rend fou. *Le Monde Selection hebdomadaire,* Issue 3367 (18.5.2013), p. 10.

CABUT, S., 2013. *Première implantation d'UN cœur artificiel total.* [Online] Available at: http://www.lemonde.fr/sante/article/ 2013/12/20/premiere-implantation-d-un-c-ur-artificiel-total_433 8190_1651302.html [Zugriff am 4 1 2014].

CABUT, S. & HECKETSWEILER, C., 2013. Opthalmologie: la guerre des médicaments. *Le Monde*, 2 10, p. 2 (Science & Médecine).

CALLAHAN, D., 2004. *Sustainable Medicine.* [Online] Available at: http://www.project-syndicate.org/commentary/susta inable-medicine [Zugriff am 25 4 2013].

CANTO, G., 08/2013. La Stupidité: Une valeur en hausse. *Letzeburger Land,* p. 10.

CAREZ, C., 2013. *Le Parisien: Paris: un bébé meurt faute de place à la maternité Port-Royal.* [Online] Available at: http://www.leparisien.fr/societe/paris-un-bebe-meurt-faute-de-place-a-la-maternite-de-port-royal-03-02-2013-2535597.php [Zugriff am 27 3 2013].

CHIRAC, P. & TORREELE, E., 2006. Global framework on essen-zial health R&D. *The Lancet*, 13 May, 367(9522), pp. 1560-1561.

CHOU, R. & BAUSDEN J et al., 2009. Surgery forLow back pain: a review of the evidence for an American Pain Society Clinical Practice Guideline. *Spine*, May, p. 34(10):1094.

CIPOLLA, C. M. &. B. L., 2012. *Les lois fondamentales de la stupidité humaine.* Paris: Presses universitaires de France.

CLARKE, J. L., 2010. Preventive Medicine: A Ready Solution for a Health Care System in Crisis. *POPULATION HEALTH MANAGEMENT,* Band Volume 13, Supplement 2, pp. S3-S11.

COCHRANE, A. L., 1989. Archie Cochrane in his own words. Selections arranged from his 1972 introduction to "Effectiveness and Efficiency: Random Reflections on the Health Services". *Controlled Clinical Trials.,* Band 10, pp. 428-33.

DAMAS, F. &. W. M., 2013. *La mort choisie comprendre l'euthanasie et ses enjeux.* Bruxelles: Mardaga.

DAVE, D. & KAESTNER, R., 2009. Health insurance und ex ante moral hazard: evidence from Medicare. *International Journal of Health Care Finance and Economics*, December, Band Issue 4, pp. pp 367-390.

DAVIS, W., 2009. *The wayfinders: why ancient wisdom matters in the modern world.* Toronto: House of Anansi Press.

DAVIS, W., 2009. *The wayfinders: Why ancient wisdom matters in the modern world.* Toronto: House of Anansi Press.

DE NAVAS-WALT, C., PROCTOR, B. D. & SMITH, J. C.)., ., September 13, 2011. *Income, poverty, und health insurance coverage in the United States: 2010. U.S. Census Bureau: Current Population Reports,* Washington, DC: U.S. Government Print.

DIAMOND, J., 2005. *Kollaps: Warum Gesellschaften überleben oder untergehen.* Frankfurt am Main: S. Fischer.

DÖNHOFF, M. G., 29.11.1995. Gier nach Beute. Das Streben nach Gewinnmaximierung zerstört die Solidarität. *Zeit.*

DUCLOS, D., 8/1996. L'autophagie, grande menace de la fin du siècle. *Le Monde Diplomatique,* pp. 14-15.

ENGELHARD, P., 1996. *L'homme mondial: Les sociétés humaines peuvent-elles survivre?* Paris: Arléa.

FANG, C., STEEN, G. & CASADEVALL, A., 2012. Misconduct accounts for the majority of retracted scientific publications. *PNAS,* 16 October, 109(42), pp. 17028-17033.

FELD, M., 8.6.2011. Die Währung Ehre. *FAZ.*

FLENKER, I. & KLOIBER, O., 20.9.1996. Grenzen des Wettbewerbs im Gesundheitswesen. *Deutsches Ärzteblatt,* pp. C-1692-1694.

FLEURY, A. & TABET, M.-C., 2012. *Le Journal du Dimanche: Enquête sur l'accouchement de l'autoroute A20.* [Online] Available at: http://www.lejdd.fr/Societe/Justice/Actualite/Enquete-sur-l-accouchement-de-l-autoroute-A20-570602 [Zugriff am 27 3 2013].

FORRESTER, V., 1996. *L'horreur économique.* Paris: Fayard.

FOUCART, S., 2013. *La fabrique du mensonge.* Paris: Denoël Impact.

FREOUR, P., 2013. *Les smartphones veulent détrôner le médecin.* [Online] Available at: http://www.lefigaro.fr/sante/2013/05/03/01004-20130503ARTFIG00587-les-smartphones-veulent-detroner-le-medecin.php [Zugriff am 5 5 2013].

FRERES, M. & WALTER, C., 2013. Offenlegen -Entschuldigen -Entschädigen. *Deutsches Ärzteblatt,* Jg. 110(40), p. C1602.

FRIEDLANDER, H., 1997. *Der Weg zum NS-Genozid: von der Euthanasie zur Endlösung.* Berlin Verlag. Hrsg. Berlin: s.n.

FROMM, E., 1976. *Haben oder Sein: die seelischen Grundlagen einer neuen Gesellschaft.* Stuttgart: Deutsche Verlags-Anstalt.

FUCHS, C., 2011. Prioritäten setzen: Gerechte Leistungsver-teilung muss offen diskutiert werden. *Dtsch Arztebl*, 108(24): A-1356 / B-1139 / C-1139.

GABIZON, C., 2012. *Le boom des autocapteurs évaluant la forme physique.* [Online] Available at: http://sante.lefigaro.fr/actualite/2012/06/26/18498-boom-autocapteurs-evaluant-forme-physique?position=10&keyword=smartphone [Zugriff am 7 5 2013].

GAYRAUD, J.-F., 2011. *La grande fraude: crime, subprimes et crises financières.* Paris: O.Jacob.

GLAESKE, G., REBSCHER, H. & WILLICH, S. N., 2010. Auf gesetzlicher Grundlage systemarisch ausbauen. *Deutsches Ärzteblatt*, 2 Juli, p. C 1122.

GRAICHEN, G., 2004. *Heilwissen versunkener Kulturen: Im Bann der grünen Götter.* München: Econ.

GRIMALDI, A., 2004. *Réinventer l'hôpital public: contre l'hôpital entreprise.* Textuel Hrsg. Paris: s.n.

GRIMALDI, A., 2013. *La santé confisquée [entre santé publique et business].* Brest: Éditions dialogues.

GRIMALDI, A. L. P. C., 2010. *Où va le système de santé français?* Bordeaux,: Éditions PROMéthée.

HABERMAS, J. &. T. A., 2008. *Erkenntnis und Interesse.* Hamburg: Meiner.

HABERMAS, J., 20.5.2010. Wir brauchen Europa! Die neue Hartleibigkeit: Ist uns die gemeinsame Zukunft schon glezichgültig geworden? *Die Zeit,* Issue 21.

HASSELBLATT-DIEDRICH, I., 21.9.2001. Ärzte im Konflikt zwischen Ethik und Ökonomie. *Deutsches Ärzteblatt,* p. C1926.

HIBBELER, B. & KRÜGER-BRAND, H., 2013 (Jg 110, Heft 41). Das grüne Krankenhaus. *Deutsches Ärzteblatt*, 11 Oktober, pp. C 1643-1647.

HÖFFE O, 22.2.1997. Ein sicheres Kennzeichen schlechter Sitten. *FAZ,* 22 2.Issue 45.

HSR Europe, 2011. *Health Services Research into European Policy and Practice. Final report of the HSREPP project.*:. http://www.healthservicesresearch.eu/mediaFiles/upload/publicati ons/HSR-Europe_2011_-_Final_report_- _Health_Services_Research_into_European_Policy_and_Practice _Policy.pdf Hrsg. Utrecht: NIVEL.

HUSEBØ, S. & KLASCHIK, E., 2006. *Palliativmedizin. Grund- lagen und Praxis ; Schmerztherapie, Gesprächsführung, Ethik.* 4. Auflage Hrsg. Heidelberg: Springer Medizin Verlag.

IARC/WHO, 2012. *IARC: DIESEL ENGINE EXHAUST CARCINOGENIC Press release No 213.* Lyon, IARC, pp. 1-4.

ILLICH, I., 1995. *Die Nemesis der Medizin: Die Kritik der Medikalisierung des Lebens.* München: CH Beck.

ILLICH, I., 1995. *Selbstbegrenzung: Eine politische Kritik der Technik.* München: CH Beck.

IOANNIDES JPA, 2005. Why most published research findings are false. *PLoS Med 2(8),* p. e124.

JACHERTZ, N. & RIESER, S., 2007. Rationierung im Gesund- heitswesen: Grenzen für den Fortschritt. *Dtsch Arztebl*, 104(1-2): A-21 / B-19 / C-18.

KAILITZ, S., 2010. *Der Spiegel Online: Hebammen in der Krise: Aufstand der Geburtshelfer.* [Online] Available at: http://www.spiegel.de/panorama/hebammen-in-der-krise-auf

stand-der-geburtshelfer-a-693131.html [Zugriff am 27 3 2013].

KASSENÄRZTLICHEN VEREINIGUNG BADEN-WÜRTTEM BERG, 2011. *DIE GESCHICHTE DER KASSENÄRZTLICHEN VEREINIGUNG.* [Online] Available at: http://www.kvbawue.de/ ueber-uns/historie/von-bismarck-bis-1949/ [Zugriff am 2 3 2013].

KATZENMEIER, C. &. B. K., 2009. *Das Bild des Arztes im 21. Jahrhundert.* Berlin, Heidelberg: Springer-Verlag.

KEMPF, H., 2013. *Fin de l'Occident, naissance du monde.* Paris: Editions Seuil.

KENNEDY, P., 2004. Human African trypanosomiasis of the CNS: current issues and challenges. *J Clin Invest.,* Band 113(4), p. 496.

KOCH, E., 1981. *Ärzte, die Geschichte machten: Sternstunden d. Heilkunde in 30 Lebensbildern.* Augsburg: Hofmann.

KOFLER, D. B., 6. Oktober 2011. *EHFG 2011: MIGRATION VON GESUNDHEITSPERSONAL ENTSCHÄRFT VERSOR-GUNGSENGPÄSSE – ABER AUF KOSTEN ÄRMERER LÄNDER.* Bad Gastein, EHFG Press Conference "Health without borders?".

KÖSTERS, R., 2012. Die Politik befeuert die Flucht in die Menge. *Deutsches Ärzteblatt,* 23 März, p. C 495.

KREMER, P., 27.4.2013. Médecins: Ceux qui disent non aux labos. *Le Monde – Sélection hebdomadaire,* Issue 3364, p. 10.

KRÜGER, K., 2004. Rofecoxib: Aus für den Klassenprimus. *Dtsch Arztebl,* Band 101(42, pp. A-2789 / B-2365 / C-2259.

KUHRT, N., 2013. *Mediziner warnen: Pharmaindustrie soll Leit-linien beeinflusst haben.* [Online] Available at: http://www.spiegel.de/ wissenschaft/medizin/0,1518,890556,00.html [Zugriff am 24 3 2013].

KUMAR, A. & SCHOENSTEIN, M., 2013. *OECD: MANAGING HOSPITAL VOLUMES –GERMANY AND EXPERIENCES FROM OECD COUNTRIES.* [Online] Available at: http://docs. dpaq.de/3354-oecd_hospital_volumes_germany.pdf [Zugriff am 10 4 2013].

LAFONTAINE, C., 2014. *Le corps-marché: La marchandisation de la vie humaine à l'ère de la bioéconomie.* Paris: Seuil.

LANGNESS, M., RICHTER, M. & HURRELMANN, K., 2005. Gesundheitsverhalten im Jugendalter: Ergebnisse der internationalen „Health Behaviour in School-aged Children"-Studie. *Gesundheitswesen,* Band 67(6), pp. 422-431.

LAUTERBACH, K., 2007. *Der Zweiklassenstaat: wie die Privilegierten Deutschland ruinieren.,* Berlin: Rowohlt Berlin.

LAUTERBACH, K., 2009. *Gesund im kranken System: Ein Wegweiser,* Berlin: Rowohlt Berlin.

LIBERATI A, A. D. T. J. M. C. G. P. e. a., 2009. The PRISMA Statement for Reporting Systematic Reviews and Meta-Analyses of Studies That Evaluate Health Care Interventions: Explanation und Elaboration. *PLoS Med 6(7),* 21 July.pp. 1-28.

LIFTON, R., 1988. *Ärzte im Dritten Reich.* Stuttgart: Klett-Cotta.

LOWN, B., 2002. *Die verlorene Kunst des Heilens: Anleitung zum Umdenken.* Stuttgart: Schattauer.

MACK, E., 2001. Rationierung im Gesundheitswesen – ein wirtschafts- und sozialethisches Problem. *Ethik Med.,* Band 13, p. 17–32.

MAIO, G., 2012 ; 109(16). Ärztliche Hilfe als Geschäftsmodell? *Deutsches Ärzteblatt*, 20 April, pp. A 804-7.

MANNING, W. G. & MARQUIS, M., 1996. Health insurance: The tradeoff between risk pooling and moral hazard. *Journal of*

Health Economics, October, Volume 15(Issue 5), p. Pages 609–639.

MASCRET, D., 2011. *Votre téléphone portable, nouveau médecin de poche.* [Online] Available at: http://sante.lefigaro.fr/actualite/2011/11/21/16032-votre-telephone-portable-nouveau-medecin-poche?position=2&keyword=smartphones [Zugriff am 7 5 2013].

MASCRET, D., 2013. *L'Académie de médecine alerte sur les examens inutiles.* [Online] Available at: http://www.lefigaro.fr/sante/2013/04/11/01004-20130411ARTFIG00653-l-academiede-medecine-alerte-sur-les-examens-inutiles.php [Zugriff am 11 4 2013].

MATZ, K. H., 2010. *KBV: Europäische Gesundheitssysteme: – eine Darstellung der Gesundheitssysteme von 25 Ländern -.* [Online] Available at: http://daris.kbv.de/daris/doccontent.dll?LibraryName=EXTDARIS^DMSSLAVE&SystemType=2&LogonId=98ab4a9e35cba323a0f0cddb7a6340f3&DocId=003762254&Page=1 [Zugriff am 2 3 2013].

MEYER, P. P., 1993. *L'Irresponsabilité médicale.* Paris: B. Grasset.

MIKICH, S., 2013. *Enteignet: Warum uns der Medizinbetrieb krank macht.* München: C.Bertelsmann.

MITTLER, D., 2013. *sueddeutsche.de.* [Online] Available at: http://www.sueddeutsche.de/bayern/paralympic-gewinnerin-birgit-kober-mutmacherin-mit-goldmedaille-1.1668124 [Zugriff am 20 5 2013].

MÖLLER-LEVET, C. S. & ARCHER, S. N. e. a., 2013. Effects of insufficient sleep on circadian rhythmicity and expression amplitude of the human blood transcriptome. *PNAS,* February.Issue 25.

MUMFORD, L., 1984. *Mythos der Maschine: Kultur, Technik u. Macht.* Frankfurt am Main: Fischer-Taschenbuch-Verlag.

NANO, 3., 2012. *Cholesterinlüge – Mythos Cholesterin.* [Online] Available at: http://www.youtube.com/watch?v=E9ffioNYgqA [Zugriff am 18 5 20103].

N-TV, 2013. *Nirgends so viele Klinikbehandlungen: Deutschland ist weltweit Spitze.* [Online] Available at: http://n-tv.de/ politik/Deutschland-ist-weltweit-Spitze-article10425976.html [Zugriff am 10 4 2013].

OECD, 2012. *Health Data 2012,* http://www.oecd.org/health/ healthdata

OSTROM, E., 1990. *Governing the commons: the evolution of institutions for collective action.* Cambridge: Cambridge University Press.

OSTROM, E., 2011. *Was mehr wird, wenn wir teilen: vom gesellschaftlichen Wert der Gemeingüter.* München: Oekom Verlag.

OSTROM, E. G. R. &. W. J., 1994. *Rules, games, and common-pool resources.* Ann Arbor: University of Michigan Press.

PALL, M. L., 2007. *Explaining "unexplained illnesses": disease paradigm for chronic fatigue syndrome, multiple chemical sensitivity, fibromyalgia, post-traumatic stress disorder, Gulf War syndrome, and others.* New York: Harrington Park Press.

PARACELSUS, 1922. *Sämtliche Werke.* München: R. Oldenbourg.

PÉNEAU, C., 2011. *Mieux vivre dès demain: 12 philosophes, économistes et historiens nous livrent leurs solutions: travail, énergie, transport, alimentation.* Gennevilliers: Éd. Prisma.

PETERSEN, P. E., 2003. *The World Health Report 2003:shaping the future.* WHO Hrsg. Geneva: WHO.

PRESCRIRE, L. R., 2005. Innovation en panne et prises de risques: L'année 2004 du médicament. *LA REVUE PRESCRIRE*, Février, 25(258), p. 139.

RASPE, H. & SCHULZE, J., 31.5.2013. Ärztlich unterstützte Priorisierung ist notwendig und hilfreich. *Deutsches Ärzteblatt,* 110(22), pp. A1091-6.

RICHTER-KUHLMANN, E., 2013. Balanceakt Indikations-stellung. *Deutsches Ärzteblatt*, 3 Mai, p. C745.

SACHS, W., 1993. Wolfgang Sachs: Die vier E's: Merkposten für einen maßvollen Wirtschaftsstil. *Politische Ökologie Nr. 33*, pp. S. 69-72.

SCHARSACH, H.-H., 2000. *Die Ärzte der Nazis.* Orac. Hrsg. Wien: s.n.

SCHATTNER, E., 2012. *The Physician Burnout Epidemic: What It Means for Patients and Reform.* [Online] Available at: http://www.theatlantic.com/health/archive/2012/08/the-physician-burnout-epidemic-what-it-means-for-patients-and-reform/261418/ [Zugriff am 11 4 2013].

SCHAUDER, P., BERTHOLD, H., ECKEL, H. & OLLEN-SCHLÄGER, G., 2006. *Zukunft sichern: Senkung der Zahl chronisch Kranker.* Köln: Deutscher Ärzteverlag.

SCHEPPOKAT, K.-D., 27.10.2000. Der Preis des Fortschritts. *Deutsches Ärzteblatt,* p. C2141.

SCHIPPERGES, H., 1990. *Die Kranken im Mittelalter.* München: C.H. Beck.

SCHIRRMACHER, F., 2006. *Minimum.* München: Karl Blessing.

SCHULZ, M., 2012. *Die Rückkehr zur Langfristigkeit Berliner Europarede 9. November 2012 von Martin Schulz, Präsident des Europäischen Parlaments.* [Online] Available at: http://www.europarl.europa.eu/the-president/de/press/press_release_ speeches/speeches/sp-2012/sp-2012-november/speeches-2012-november-1.html [Zugriff am 11 4 2013].

SCHUMANN, H., 05/2012. Wirtschaftliche Macht und Demokratie. *Agora42,* pp. 24-29.

SIDELSKY, R. & SKIDELSKY, E., 2013. *Wie viel ist genug?: Vom Wachstumswahn zu einer Ökonomie des guten Lebens.* München: Antje Kunstmann.

SIMON, M., 2013. Das deutsche DRG-System: Grundsätzliche Konstruktionsfehler. *Dtsch Arztebl,* Band 110(39), pp. A-1782 / B-1572 / C-1548.

SKRABANEK, P., 1995. *La fin de la médecine à visage humain.* Paris: O. Jacob.

SPIELBERG, P., 2010. Forum „Fortschrittsfalle Medizin": Ohne gesellschaftlichen Diskurs geht es nicht. *Dtsch Arztebl,* Band 107(7), pp. A-266 / C-230.

SPON, 2013. *Grundsatzurteil: Pharmariese Novartis verliert Patentklage in Indien.* [Online] Available at: http://www.spiegel.de/ wissenschaft/medizin/0,1518,891878,00.html [Zugriff am 1 4 2013].

STEINBART, H., 1970. *Arzt und Patient: in der Geschichte, in der Anekdote, im Volksmund, eine sittengeschichtliche Studie.* Stuttgart: F. Enke.

STOSCHEK, J., 2013. *Konsequenz aus Transplantations-skandal – Bayern will zwei Leberzentren schließen.* [Online] Available at: http://www.aerztezeitung.de/politik_gesellschaft/organspende/article/838937/konsequenz-transplantationsskandal-bayern-will-zwei-leberzentren-schliessen.html [Zugriff am 19 5 2013].

STRÄTLING, M. W. & SEDEMUND-ADIB, B., 26.4.2013. Ethische Kernkompetenzen in die Medizin zurückholen. *Deutsches Ärzteblatt,* Band 17, pp. C713-C715.

STREECK, W. &. M. D., 2010. *Politik im Defizit. Austerität als fiskalpolitisches Regime.* Köln: Max-Planck-Institut für Gesellschaftsforschung.

TAYLOR, R. & REBECCA, J., 2012 6 (4). The economic impact of failed back surgery syndrome. *British Journal of Pain*, 12, p. 174.

TREUSCH, N., 22.11.2013. Ecotaxe, santé … attention à la médialisation des souffrances. *Le Monde,* Issue 21413, p. Eco 7.

ULATOWSKI, H., 1.2.2002. Ökonomisierung des Gesundheitswesens. Patient bleibt sich selbst überlassen. *Deutsches Ärzteblatt,* p. A246.

UNSCHULD, P. U., 2011. *Ware Gesundheit: das Ende der klassischen Medizin.* München: C.H. Beck.

WAGNER, F., 1964. *Die Wissenschaft und die gefährdete Welt: Eine Wissenschaftssoziologie der Atomphysik.* München: CH Beck.

WEBER, M. &. K. D., 2004. *Die protestantische Ethik und der Geist des Kapitalismus.* München: C. H. Beck.

WEIDEN, S. V. D., 2001. *Bittere Pille für Patienten und Industrie.* [Online] Available at: http://www.ingenieur.de/Arbeit-

Beruf/Gesundes-Arbeiten/Bittere-Pille-fuer-Patienten-Industrie [Zugriff am 18 5 2013].

WEISER, T. & REGENBOGEN, S. e. a., 2008. An estimation of the global volume of surgery: a modelling strategy based on available data. *The Lancet,* 372(9633), pp. 139-144.

WELZER, H., 2013. *Selbst Denken. Eine Anleitung zum Widerstand.* Frankfurt am Main: S.Fischer.

WESSLING, H. W. A., 2011. *Theorie der klinischen Evidenz Versuch einer Kritik der evidenzbasierten Medizin.* Wien: Lit.

WOLTON, D., 2010. *L'autre mondialisation.* Paris: Flammarion.

WOOLHANDLER, S. e. a., 26.9.2012. *Despite slight drop in uninsured, last year's figure points to 48,000 preventable deaths.* [Online] Available at: http://www.pnhp.org/news/2012/september/despite-slight-drop-in-uninsured-last-year%E2%80%99s-figure-points-to-48000-preventable [Zugriff am 2 Mars 2013].

WORLD BANK, 2013. *Open Data Service: Health Data.* [Online]
Available at: http://data.worldbank.org/topic/health [Zugriff am 2 March 2013].